本书出版获陕西师范大学历史文化学院世界史学科建设经费资助

中东观察

SAUDI
ARABIA

POWER,
LEGITIMACY
AND
SURVIVAL

沙特阿拉伯发展史

权力、政治与稳定

〔英〕
蒂姆·尼布洛克
Tim Niblock

/著

郭响宏 / 译
李秉忠 / 审校

社会科学文献出版社
SOCIAL SCIENCES ACADEMIC PRESS (CHINA)

Acknowledgements

I am indebted to the many people who have generously shared with me their information, advice and views on developments in Saudi Arabia. It would be impossible to name them all, but I must make particular mention of the PhD students of mine who have worked on Saudi Arabia over the years. As so often in PhD supervision, I have felt that I have learnt more from them, than them from me. My colleagues at Exeter, and previously in Durham, have also helped me considerably with their comments and insights.

Some of the material in Chapter 5 also appears in a chapter which I wrote with Dr Monica Malik, in Paul Aarts and Gerd Nonneman, eds, *Saudi Arabia in the Balance: Political Economy, Society, Foreign Relations* (London: Hurst). I must thank Monica for her help with this part of the work. Some of the editing needed to bring the final text to completion was undertaken by Rebecca Niblock, to whom I also extend my thanks.

At a personal level, I have benefited from the help and patience of family members over the time while I am been working on the book. I am grateful to Sally and Stuart, Kate and Dom, and Becky and William for all their support.

序言　沙特历史发展的动力
和观察其未来走向的征兆

自本书英文版 2006 年出版以来，沙特已发生了很大变化。过去几年，特别是 2017 年穆罕默德·本·萨勒曼取代穆罕默德·本·纳伊夫成为王储，并在国家决策中确立了自己的核心地位后，沙特的政治体系和权力结构发生了重大变化。尽管政治体系的制度和外在表现形式同以前相比没有明显变化，但决定政策结果的机理却已截然不同。这是一个政治体系发生了根本性变革，而政治制度却未进行重大改变的例子。

然而，理解影响政治体系和权力结构的因素仍很重要，这些因素决定了 1902 年沙特第三王国（起初是内志酋长国）建立后沙特一个世纪的发展趋向。同时，这些旧时代所遗留下来的权力结构仍然存在于沙特当今社会的方方面面：它们只是被边缘化，而非被清除。新的做法和实践已成了优先选择，但现在就断言新的做法和权力中心会成功取代旧体系的剩余部分还为时过早。沙特正经历一个变革阶段，在这个阶段，人们正在尝试解决该国主要发展困境的新方法。

任何人都不能保证这些新方法会成功，这些新方法自身也存在风险、问题和矛盾。在这个发展阶段，不可能有任何确定的预测结果，也不可能确保传统体系中那些根深蒂固的结构不会再次卷土重来。

因此，20世纪沙特政治体系的发展历程，以及支撑该体系并帮助决策的社会群体的特征，仍与今天发生的事情息息相关。当代事件是在过去所塑造的历史背景下发生的，历史的影响一直存在。

过去几年沙特所发生变革的本质需要结合历史予以具体考察。这一变革的实质是沙特统治体系构思和设计其合法性叙事的方式——这一因素反过来决定了沙特寻求和获得支持的社会群体的本质。本书初版时写道，沙特政权的合法性叙事是围绕统治家族的遗产和历史成就、其作为伊斯兰教圣地保护者的角色、与瓦哈比派宗教运动的相互支持和认同，以及其促进社会福祉上的成效（即提供民众所需的服务和让民众安居乐业）来构建的。国王在这些合法性的基础上建立自己的统治，并平衡和操控各种利益集团来维持他的统治。这些利益集团包括部落首领、宗教领袖、重要的商人或商业利益集团以及政府和服务部门的核心成员。王室家族不同的派系和权势人物也要平衡和安抚。国王最终控制着国家的资源（20世纪40年代末石油和天然气生产开始后，国家开始迅速开发这些资源），为了保持其政权正常运转，他需要一群心甘情愿与他合作、确保执行其政策的支持者。为确保政权的稳定和效率，国王需要在上述各集团之间建立平衡。广大民众对国王的忠诚通常可以通过福利政策来保障，福利政策提供的资金和支持可以确保民众的物质满足感得到不断提高，并安抚潜在的不满者。

诚然，这个统治体系依赖安全组织（警察、武装部队、情报机构等）保护政权不受内乱的影响，但安全并不是政权合法化叙事的主要组成部分。政府也没有把安全看成政权合法性的核心基础，也不是民众需要服从政权的原因。政权和国家安全的核心保障来自外部：美国以强大的军事能力，承诺保障沙特政权的稳定，并保卫沙特以及美国经济所需的石油免受外部威胁。

虽然这一政治体系足以在较长一段时期内维持高度稳定，但政权和经济结构仍存在重大问题。本书的结论重点介绍了三个方面。首先，沙特政府和大部分沙特人尽力减少本国经济对移民劳动力的依赖，但沙特的经济结构以及在全球经济中发展能够有效竞争的多元经济意图，使得这一目标变得不可能实现。在大部分沙特公民的工资显著高于国际劳动力市场平均水平的情况下，只有输入越来越多的移民劳动力和专家，才能让沙特维持其国际竞争力。

其次，沙特在安全上对美国的依赖也出现了问题。这一安全保证虽然使沙特免受大多数威胁，但也带来了另一种威胁。它使得沙特与美国的地区和国际政策联系得过于紧密，而多数沙特人和其他的海湾国家认为这些政策与阿拉伯人的利益背道而驰。

最后，除了上述依靠政权的利益集团和精英阶层外，这一体系几乎没有给社会团体留下参与的空间。对于被疏远或被边缘化的群体成员来说，他们没有渠道可以推动变革。在国内和地区环境稳定时，这不会有什么问题。但当环境变得更具挑战性时，沙特政权的稳定性就会受到考验。因此，任何变革对沙特政体本身的连续性都可能产生深远影响。

暴露出沙特政权的脆弱性，并对沙特政权带来重大挑战的是"阿拉伯之春"。这场动乱从 2011 年开始，持续了多年，并席卷了整个阿拉伯世界。沙特政权赖以维持安全的体系似乎不再可靠。最初，该政权在应对这一风潮时没有遇到什么困难，因此也没有出现根本性的变革。政府仍然以传统手段确保民众的安宁：提高工资、改善福利以及承诺在关键领域进行改革。支持政府的选民基础依然稳固，沙特没有发生大规模的民众骚乱。然而，新出现的三个关键方面表明，沙特政权的安全和合法性正面临风险。

第一个是人们经常能看到当地社交媒体的批评性评论。该地区其他地方发生的事件引发了人们对沙特体系的局限性、缺陷和政府不当治理的讨论。毫无疑问，与邻国的比较揭示了阿拉伯世界非产油国福利制度的不健全——正如那些沙特政府的支持者所强调的那样，但新的不受限制的讨论平台导致被该体系长期压制的矛盾浮出水面。来自国外媒介的信息导致负面评论的影响范围扩大，这进一步破坏了沙特政权的全球信誉。媒体对国家的治理方式和谁对此负有责任提出了诸多批评：有人提出，教育体系不适应竞争激烈的全球经济的需要（部分原因是宗教领袖对国家政策的影响）；年轻人的失业率高得令人无法接受；社会生活（特别是妇女的社会生活）受到宗教警察的限制，令人感到十分不快；腐败在给最高层带来利益的同时，也导致规划与决策受到破坏，从而损害了社会上其他人的利益和发展前景；进口大量昂贵的尖端武器导致国家资源的大量浪费，但没有证据能够表明，在没有援助的情况下沙特拥有保卫自己领土的能力；尽管政府的政策旨在减少移民人口数量，但该国经济对外国劳动力的依赖程度却仍在增强。支撑政权安全的民众认知正受到挑战，沙特政权安全的不稳定性正在增加。

给沙特政府带来沉重压力的第二个方面是中东地区的力量平衡

突然被打破。在"阿拉伯之春"发生前，沙特与大多数阿拉伯国家建立了稳定、牢固的关系，通常国王通过与这些国家的领导人之间建立密切关系来构建国家间关系。动乱导致阿拉伯世界的许多领导人下台，一些重要国家陷入国内冲突和动荡之中。新的地区形势使沙特的主要地区对手伊朗能够扩大其在该地区的参与，支持反对沙特的各种运动、团体和派别。沙特和伊朗的对峙常被看成基于"传统的逊尼派与什叶派之间的不相容"，然而比起宗教分歧，国家安全观念的冲突在这一问题上可能更具有推动力。伊朗人口数量大于海湾地区任一阿拉伯国家人口的数量，拥有庞大的战略纵深和雄厚的实力，而正如沙特所认为的那样，伊朗正在该地区建立谋求和维护霸权地位的基础。伊朗利用沙特什叶派来实现其地区目标的可能性在沙特内部引发的安全担忧日益加剧。伊朗和"P5＋1"国家于2015年7月达成的联合行动计划为伊朗在地区舞台上发挥更积极的作用提供了机会的，同时也极大地加重了沙特的不安全感。

　　卡塔尔现在对沙特在海湾合作委员会的领导地位提出了挑战，这进一步加剧了沙特对地区安全的担忧。尽管卡塔尔此前常在地区问题上采取独立立场，但这些立场并未对沙特的领导地位构成严重威胁。当时，卡塔尔的立场可以被视为麻烦，而不是安全威胁，可以忽略不计。但时过境迁，卡塔尔在埃及、利比亚、叙利亚和其他地方的内部冲突中支持与穆斯林兄弟会有关联的政治派别，这被视为对沙特安全的直接威胁。卡塔尔政府正在鼓励和支持的那些政治运动派别多数曾与沙特对立，而这些政治运动派别在2011年后实力普遍大大增强。它们对沙特支持宗教权威的主张不屑一顾，批评沙特在地区问题（特别是与以色列/巴勒斯坦有关的问题）上与美国合作，并常常反对作为沙特国家政治核心的君主制。因此，卡塔尔政府对这些运动派别的支持，以及包括为这些运动派别的武装提供便利的行为，都被沙特视为一种敌对行为。

造成安全担忧的第三个方面是沙特领导层内部越来越多的人认为，不能再依赖美国来保障政权安全。他们越来越相信，当地区盟友的生存受到威胁时，美国不会站在他们一边。埃及和突尼斯的前领导人尽管在维持美国的中东利益方面发挥了关键作用，但在面对最终将他们赶下台的民众抗议时，美国也没有保护这些领导人。事实上，奥巴马政府推动的人权和民主化似乎在美国创造并巩固了一种天然的同情人群，即那些反对海湾地区君主制的人，以及不认可非民主政权的人。目前人们无法判定，海湾地区是否仍是美国的战略要地之一。尽管美国从海湾地区进口的油气量仍很大，但美国页岩油的生产使该国石油自给自足的生产潜力已经进入了战略考虑范围。因此，长期以来维持美国与沙特安全关系的经济因素，似乎已变得越来越不重要。此外，在全球层面，美国自身的安全考虑更多集中在西太平洋地区，而不是中东地区。因此，沙特将其安全寄托在美国身上，似乎不再像以前那样可靠。

沙特在国家、区域和国际环境这三个方面所面临的处境为沙特体制的结构改革奠定了基础，并提供了根本理由。人们认为对政权稳定甚至生存构成的威胁，为政府采取激进行动提供了理由。然而，最终发生的政权重构并不是新出现的安全困境的直接结果。所实行的政策和所进行的改革举措也并非必然是对体系内固有问题的一致回应，这一点将在下文讨论。实际上，推动结构变革的关键动力是统治家族核心层政治动力的转变：体系最高层致力于防止权力派系的出现，就算无法消除，也会大幅度减小王室内外潜在挑战者的影响力，并利用现代化和必要的变革来改变社会生活，为政权合法性创造新的基础。

毫无疑问，萨勒曼国王支持这一战略，他的儿子穆罕默德·本·萨勒曼则将这一战略付诸实践。萨勒曼王储在他父亲 2015 年 1 月登基时被任命为国防大臣和新成立的经济与发展事务委员会主席。2015 年 4 月，被任命为副王储和第二副首相。2017 年 6 月，在纳伊夫王储被废后，他被任命为王储。自 2015 年以来，尽管偶尔还会受到他父亲的制约，但萨勒曼王储基本上已经掌握了政府的实际权力。

穆罕默德·本·萨勒曼要巩固手中的权力，可能要让对新领导层构成挑战的个人、精英阶层和团体靠边站或逐步退出。对萨勒曼王储来说，首先要考虑的就是统治家族内部的威胁，这导致以前一些身居国家权力核心体系中的王子被逮捕或降职。一些被指控腐败的著名商人被监禁，并被迫放弃部分资产。宗教领袖独立发表观点的权限受到政府限制，布道和任命教职的指导方针要求也更加严格。一些过去能接触到最高决策者的重要部落家族成员发现，在新的权力结构下，他们被边缘化了。

这些措施的基础是国家对军队和安全部队更集中的控制，一定程度上这也是新领导层有能力实施这些措施的原因。过去，军事和安全机构的权力由王室内部的不同派别掌握，而现在，控制权集中在王储和与他工作中密切合作的小圈子官员手中。因此，在当前权力结构下，统治家族中的任何派别都难以与被边缘化的精英团体串通起来密谋反对新政权。政府利用军事和安全部队强制大众接受领导层决策的能力得到了进一步加强。

　　然而，过多强调支持新权力体系的军事/安全机构也是不妥的。政府所培育的新支持者群体也同样重要，这一群体可能会取代沙特统治家族过去依赖的群体。新群体包括那些因经济或社会原因对沙特传统体制的固有限制感到失望的人。经济改革为某些商业部门创造了新的机会，社会改革为沙特人创造了条件，他们因而能够享受以前只有在国外才能体验到的生活方式。然而，正在推行的社会自由主义却没有政治上对应的伴生物。

　　经济改革计划是围绕沙特"2030愿景"制定的，该计划由经济与发展事务委员会（穆罕默德·本·萨勒曼领导）于2016年4月发布。计划创建一个更多元的、以私营部门为导向的经济模式，增加非石油收入，部分强调了电子政务和可持续发展等。该计划还强调了在沙特西北部开发新城，旨在吸引对可再生能源、生物技术、机器人、先进制造业和旅游等方面的投资。

　　毫无疑问，沙特的外交和地区政策也受到区域不稳定带来的安全威胁的严重影响。以前，沙特的外交政策基本上是被动的、低调的，反映在不愿采取大胆或有争议的举措，而新政府现在制定了一条更积极的路线——旨在应对对其主权和安全可预知的威胁。虽然沙特注重恢复与美国的密切联系，但唐纳德·特朗普担任美国总统后，沙特也致力于在全球，特别是在亚洲建立更多的伙伴关系。在这一战略中，中国受到了沙特的特别关注。

　　在地区层面，沙特不得不面对正试图主导该地区的伊朗，特别是在伊朗对地区事务的战略参与对沙特产生直接安全威胁的情况下，就像其在也门所做的那样。伊朗的参与是2015年沙特发起"果断风暴"行动以及随后"恢复希望"行动中的一个关键要素。

加强沙特皇家海军力量和在吉布提建立沙特基地设施的计划也是以同样的逻辑为基础的，这两项战略都与阻止武器和其他物资到达也门胡塞武装手中密切相关。事实证明，沙特在也门的介入结果是不成功的。如果沙特想要证实和巩固其在海湾合作委员会中的领导权，整个战略至少需要另一个海湾合作委员会国家的积极支持和参与。穆罕默德·本·扎耶德（Mohammad Bin Zayed）领导下的阿联酋政权渴望扮演这一角色。

按照这种看法，与伊朗的对抗需要沙特重新确立其在海湾合作委员会中的领导地位，这样才能建立反对伊朗扩张的坚实堡垒。人们认为，没有其他海湾合作委员会国家能够破坏沙特的战略，这一点很重要——因此，在穆罕默德·本·萨勒曼正式就任王储前不久，其他海湾合作委员会国家（在沙特和阿联酋的策划下）对卡塔尔采取了广泛的抵制措施。然而，卡塔尔成功地使其伙伴多样化，并有效维护了其在地区政治中的独立路线。

沙特仍是中东地区的一个重要国家，与该地区未来的发展息息相关。未来几年，它在中东地区体系和全球体系中的重要性将会进一步凸显。近年来，沙特政治体系经历了一个变革的过程，出现了新的权力结构。然而只有在更长远的历史视角下，人们才能完全理解目前的事态发展，才能理解其变革的意义。这就是本书所述事件的重要性之所在。

蒂姆·尼布洛克

2021 年 6 月

目 录

导　论

当前关注的热点

当前中东、伊斯兰世界和国际秩序发展中所面临的诸多重要问题和危机中，沙特阿拉伯都处于核心地带，其发展对于 21 世纪国际秩序的发展模式有着至关重要的意义，因而我们有必要充分理解曾经那些并且现在仍然在持续影响该国发展的动力。对于该国来说，有三个问题十分重要：全球对沙特油气的依赖；沙特在应对伊斯兰激进主义和国际恐怖主义问题上所扮演的重要角色；沙特在阿拉伯海湾问题和中东安全问题上的影响力。其中，中东安全问题已经是当今国际安全的重要问题之一了。

全球对沙特油气的依赖

沙特的油气生产对国际政治经济有至关重要的影响，油气产量和价格变化影响着全球经济发展的方方面面。没有一个国家会像沙特这样能给油气价格和生产带来如此强烈的影响，全世界人民的生活水平都会因沙特能否保持石油高产而受到影响。反之，沙特的油气生产又受制于沙特王国内部的政治稳定以及沙特政府在石油生产、市场发展和价格调整上所采取的政策。在接下来的几十年，所有对石油可用量和价格的预测在很大程度上都取决于如何评估沙特的石油出口政策。因此，难免会受到国际因素影响的沙特国内政治将对世界石油生产和价格产生决定性影响，并进而影响国际经济的发展模式和节奏。

沙特约占世界目前已探明原油储量的 25%。据估计，已探明的世界原油储量约 10500 亿桶（2002 年的数据），其中约 65%（6860 亿桶）就在中东地区。沙特已探明的原油储量约 2600 亿桶，按照 2004 年的生产规模，沙特可以持续开采约 75 年。除已探明的原油储量外，据估计，沙特还藏有 1000 亿桶的"可能"储备以及 2400 亿桶的"应急储备"。此外，相比世界其他地方，沙特的石油生产成本低廉，因而在国际市场上很有竞争力。在沙特，石油勘探和开发的成本为每桶 0.5 美元，而全球的平均成本是每桶 4~5 美元。俄罗斯的开发成本是每桶 8 美元，北海地区是每桶 10.5 美元，美国墨西哥湾地区是每桶 14.5 美元（*Saudi ARAMCO Dimensions*：Summer 2004）。

未来几十年，全球石油市场的供应量很难有大幅度增长。虽说近期在中亚、俄罗斯、马尔维纳斯群岛及其他地方发现了新的油田，但在过去 25 年里沙特所占世界原油储量的份额依然在增加。1978 年，沙特所占世界已探明原油储量的份额为 17.5%（Stevens，1981：215），现在这一比例已上升到约 25%。从全球范围来看，世界其他地区新油田的发现甚至无法平衡沙特本身的预估增量和其他地区油田枯竭对石油储量造成的影响。尽管世界原油产量在增加，不过有些分析家认为，原油产量 2004 年达到的 8200 万桶/天的产量可能是巅峰了，此后生产会持续下降（Deffeyes，2001）。有些分析家不赞同这一说法，但他们的观点都以沙特将自身的石油开采量提高到其上限水平为依据（也许会高出现有规模的一半），这可能会加快沙特原油储备的枯竭。世界某些地区的油田，特别是北海和美国油田开采量的下降，显然将会进一步加大国际市场对沙特石油供应的依赖。因此，在 21 世纪，沙特巨大的石油储量对世界来说有着更加重要的意义。

尽管石油供应已经达到了一个峰值，但全球市场对石油的需求却仍在无限度地增长。根据当前的估计，世界能源消耗在 2001～2025 年将上升 54%。其中主要原因是中国、印度及很多亚洲发展中国家正在迅速推进工业化。发展中的亚洲国家在这一时期的能源消耗年均增长 5.1%，而全球的年均增长为 3%。中国和印度可能会占到世界能源消耗增长量的 40%。就整个能源消耗市场来说，石油需求在增长比例上升中所占的份额并不明显，从 38% 上升到 40%。据估计，全球对石油的需求将从 2001 年的每天 7700 万桶上升到 2025 年的每天约 1.21 亿桶。而 2025 年后全球对石油的需求仍然会继续增加，也许到 2050 年会达到每天 1.52 亿桶。这一趋势的预兆之一就是 2004～2005 年石油价格的迅速上涨。2005 年 6 月，石油价格首次达到 60 美元/桶。尽管石油价格不会永远保持在这一水平上，但国际货币基金组织在 2004 年 9 月发布的《世界经济展望（2004）》报告中预测，未来 10 年石油价格仍会持续走高。

当然，可替代能源的发展将在适当的时候降低沙特（以及其他国家）石油生产的重要性。发达国家基于环境和政治的考虑会采取多元化的能源发展战略，这将对石油生产和价格产生重大影响。然而，能源多元化发展战略是一个长期的过程。对可再生能源（风能、太阳能、水能等）的开发正在不断发展，这类开发无疑会提高可再生能源在能源利用中所占的比重。不过，即使在大多数发达国家，这些可再生能源在能源供应中所占的比重也都很低，变革的进程也很缓慢。美国是世界上最大的能源消耗国（约占整个世界的33%），美国的能源消耗中只有7%来自可再生能源，其中一半是水能（Heinberg，2003：140）。核能应该有较大的发展空间，但近年来，其带来的环境问题限制了核能的开发和利用。核聚变技术及冷聚变发展的可能性预示着开发出非常廉价、环保能源的可能，但它们是否在科学上具有可行性和在实践中具有可操作性，仍需要时间的检验。正如30年前一样，今天我们估计，这种发展变为现实可能也需要30年。即使可替代能源可以使用，世界对油气的需求也不会立马消失，现有的设备从使用油气转变成使用替代能源仍需要时间。进一步来讲，即使我们不再需要用油气资源作为能源，但生产石化产品仍需要油气资源。

因此，未来可能的发展趋势是，沙特的石油将在21世纪上半期的全球经济中发挥越来越重要的作用，石油价格也不会出现大幅下滑。

伊斯兰激进主义与国际恐怖主义问题

沙特之所以重要的第二个原因与其在伊斯兰世界的影响力有关。沙特境内有两处伊斯兰世界的圣地，它们每年都吸引数以百万计的朝圣者前往，因此沙特在伊斯兰世界一直占据着重要地位。任何一届沙特政府，不管其如何组建，都强调其作为圣地保护者的角色，保护朝圣者的平安，或者以此为基础，宣称自己在伊斯兰世界的领导地位。

但沙特在伊斯兰世界所扮演的角色远不止"圣地保护者"这么简单。沙特王室所信奉的伊斯兰教的这一教派，也是它在国际上推广的这一教派，带有一种围绕"原教旨主义"的意识形态。回归原教旨的召唤以及"虔诚先祖"［虔诚先祖由同先知一起战斗的同伴及穆斯林乌玛（社区）的前三代哈里发构成］的实践既不是保守社会实践的理由，也不是极端主义的思想基础。相反，19 世纪末 20 世纪初，伊斯兰世界一些伟大的改革者也是采用这种回归原教旨的方式，试图重塑伊斯兰思想以应对来自西方世界的冲击。穆罕默德·阿布笃（Muhammad 'Abduh）和穆罕默德·拉希德·里达都把自己看成萨拉菲派①，回归伊斯兰教的基础，寻求伊斯兰复兴的源头——淡化经过几个世纪围绕伊斯兰实践建立起来的传

---

① 萨拉菲，亦译作塞莱菲、塞莱菲耶（阿拉伯语：سلفية），是逊尼派穆斯林中的一种以萨拉菲主义学说为基础的极端保守正统运动。该学说可以概括为伊斯兰信仰中的原教旨主义和伊斯兰复古主义，效法先知穆罕默德和他早期的追随者"虔诚的祖先"（al-salaf al-salih），拒绝宗教上的创新或"异端"（bida），支持实施"伊斯兰教法"（Sharia）。——译者注

统。因此萨拉菲主义（这一术语现在用于指回归基本宗教教理的趋势）可以成为一个重新解释伊斯兰本质的渠道，以明确伊斯兰教与现代社会的相关性和兼容性。今天一些思想家依然在坚持这一方式，仍在追寻重构的目标。尽管如此，沙特萨拉菲主义激发了各种政治伊斯兰的发展。这种政治思想与现有的政权以及西方概念中的公民社会规范难以共存。

要理解沙特萨拉菲主义带来的问题根源，仅指出影响其形成的宗教思想是不充分的。穆罕默德·伊本·阿卜杜勒·瓦哈卜18世纪中期提出的思想为沙特萨拉菲主义奠定了基本的理论框架。正如在第一章将要讲到的，瓦哈卜的思想并不像人们所描绘的那样狭隘和教条。沙特萨拉菲主义所采用的形式，以及其独特的原动力说，源于宗教之间的相互作用和沙特萨拉菲派与政府以及与社会和经济基础之间相互作用的关系（也包括通过经济资助以在国际上传播其思想）。这种相互作用释放出的能量巩固了沙特政权、扩大了沙特在国际上的影响力，但有时也会在国际上对沙特产生不利影响、威胁沙特国内的稳定。在历史上的很多时期，包括现如今，萨拉菲派一直在挑战沙特王室，认为王室没有践行其所维护的"原教旨主义"。

然而，"原教旨主义"在国际上有着广泛的影响，已经成了全球安全的最大威胁。奥萨马·本·拉登出生在沙特，他及其"基地"组织同伙的思想都深受沙特萨拉菲主义激进思想的影响。众所周知，参与2001年袭击纽约和华盛顿的"9·11"事件的19名劫机者中有15名是沙特人，而其他几名非沙特籍的劫机者也拥护沙特萨拉菲派的伊斯兰极端思想，比如埃及萨拉菲派的领导人穆罕默德·阿塔（Muhammad al – Atta）就坚持这种思想。沙特政府所支持的官方萨拉菲主义同该运动催生的极端思想之间的分界线并不那么明确，比如要求穆斯林严格遵循伊斯兰沙里亚法的规章，拒绝对非穆斯林式的习俗或生活妥协，这些思想在一定程度上得到了沙特宗教界的支持。

因而，沙特阿拉伯内部事态的发展对伊斯兰世界如何发展同外部世界的关系，特别是如何在全球体系下控制与应对伊斯兰极端势力产生重要影响。沙特政府能否有效发展国内政治，满足核心集团的利益，能否防止极端主义者将沙特国土和经济资源分别作为自己的大本营和发展根基，将对国际恐怖主义问题的解决产生重大影响。这些问题很大程度上取决于沙特政府领导层能否重新获得意识形态上的主导权，能否消解沙特国内滋生的极端主义，能否减小这种极端主义对全球安全产生的影响。因此，沙特是美国总统乔治·W. 布什所说的反恐战争中的关键。

海湾及大中东地区的安全问题

沙特之所以重要的第三个方面是其战略地位，以及其在阿拉伯海湾、大中东及印度洋地区所发挥的影响力。阿拉伯海湾地区是 20 世纪最后 25 年中，三场主要局部战争的爆发地。中东地区经常性地会出现小规模的冲突和问题，最突出的就是巴以问题。这里仍有诸多未解决的问题，包括发展、认同、外界渗透、政治压迫、军事占领等。考虑到这些，我们可以判断，中东在未来十几年仍会面临动荡和冲突。在中东核心地带之外，一个新的危机带正在形成——至少美国决策者这么认为——这一"危机带"从阿富汗开始，穿过伊朗、中亚、高加索最终延展到北非，成了对美国主宰下的世界秩序的一大威胁。这一危机地带的出现始于20世纪70年代末，苏联则被西方看作始作俑者。当时这一地带威胁着西方石油的供应。现在，这种威胁主要来自伊斯兰极端主义。

地区诸多战略安全问题都与上面提到的两个问题有着千丝万缕的联系，并以区域为舞台发挥着影响。沙特卷入这些地区问题部分是源于它与这些中东国家一样，受到了来自宗教激进势力的威胁，以及石油生产对社会经济及发展战略所产生的影响。沙特在政治和战略上的重要性使其不可避免地会对这个地区的发展产生影响。沙特与中东政治动荡地带，特别是与伊拉克、伊朗、巴勒斯坦/以色列相邻，这使它不可避免地与中东地带的权力斗争、解放和意识形态霸权的争夺交织在一起。

尽管伊拉克、伊朗、巴勒斯坦和以色列一直以来是中东政治冲突的聚焦点，但未来的冲突可能并不会局限于这些区域。石油生产带来的结构性影响（甚至对非石油生产国的影响），人们通过卫星电视和互联网与外部世界的直接接触，西方文化在精英阶层的传播，伊斯兰的全球化，民主化诉求的压力，外部政治势力的渗透，这些都会对中东所有国家产生影响，而政府应对这些问题的能力日渐显得捉襟见肘。与沙特西南部接壤的也门以及红海对岸的苏丹和埃及，都正面临着这些棘手的问题。有关国家的政府在面对这些棘手的社会矛盾时，为了实现经济和政治的发展，急于推出一种民主的形式，却不愿冒险诉诸选举。如果这些问题未能得到很好的解决，不管是由于政治精英的失败，还是出于外部势力的贸然干预，红海地带都可能会变成一个冲突区域。

人口增长也可能会影响红海地区的权力平衡。2002 年，也门是世界人口出生率较高的国家之一，年均超过 4%，而据美国人口咨询局（Population Reference Bureau）的估计，到 2050 年，也门人口将达到约 7100 万人（2004 年为 2000 万人），埃及的人口将达到 1.275 亿人（2004 年为 7350 万人），苏丹的人口将到达 8400 万人（2004 年为 3900 万人），沙特的人口有望达到 5500 万人（2004 年为 2500 万人）。通过比较沙特和也门的人口，我们很容易看到这种地区人口的变化。当前，也门的人口数量不及沙特，但到 2050 年也门的人口大约等于阿拉伯半岛其他国家人口的总和。在红海地区的非阿拉伯国家中，埃塞俄比亚的人口增长最为引人关注，将从 2000 年的 6250 万人上升到 2050 年的 1.21 亿人（所有数据均来自美国人口咨询局）。因而，未来红海地区人口的分布情况将与现在截然不同，而沙特对由此而产生的战略和安全问题的应对会对红海地区的稳定产生重要影响。

因而，未来几十年沙特的发展将对地区和世界秩序的构建产生相当大的影响。这种影响是积极的还是消极的，主要取决于沙特自身的发展特征。沙特政府要发挥积极的影响，就需要探索经济和政治发展的新模式，这种模式既要能满足其民众的愿望和诉求，也要能够将稳定性的因素融入地区和国际体系的发展中。经济的发展不仅包括经济的充分增长，更包括财富分配中所体现的公平与正义。政治发展必须使民众能够在符合其价值观的框架内决定自己的未来。

新方法：构建沙特阿拉伯政治动态的解释模型

近年来，研究沙特的著作浩如烟海，为我们了解沙特的历史及当前社会、政治及经济的发展提供了参考。学者通常在阿拉伯海湾地区的安全框架下来研究沙特的外交关系，本书的参考文献包含了这些研究成果。

但现有研究在分析影响沙特政治发展的各种要素上诠释得很不充分，本书则试图弥补这一不足。本书的任务是探讨影响沙特各类政治事件及其结果背后的要素，这些要素包括一系列具体的经济、政治、社会、文化及历史因素。通过诠释这些要素是如何相互作用的，解释不同时期沙特政治发展的机制。重点在于解释事态为什么会呈现那样一种形式。要为沙特的未来提出建议，我们必须要认识到这些不同要素之间是如何相互交织、相互作用的。

当然，本书的一个主要关注点是解释：是什么使得沙特家族统治下的君主制自现代国家形成以来就一直存在，以及这种君主制在未来继续发展的可能性。法赫德国王的去世以及阿卜杜拉国王的继位，使得这一问题更为突出。

就解释影响沙特政治事件发展的因素这一点来说，重要的是提出一个能将各种影响要素涵盖在内的模型，图1对此进行了描述。在这种模型中，所有的要素都被看作相互影响、相互塑造，而且都在决定着事件的发展过程。在这个相互影响的系统中，没有一个部分是可以置身其外的。我们需要解释任一部分都受到其他部分的影响，然后通过这种方式构建对于影响沙特政治发展因素的分析模型，最终我们才有可能分析沙特政治未来如何发展，或者至少可以探讨影响沙特未来发展的关键性进程。

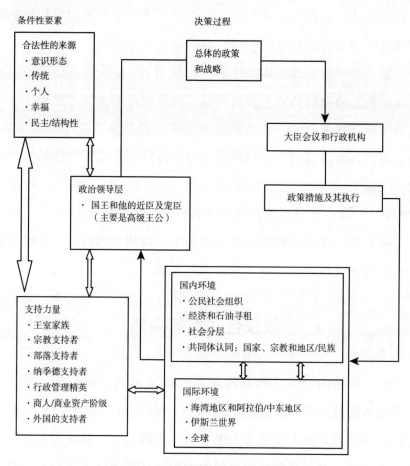

图1　沙特政治发展的动力模型

为方便起见，有必要解释一下与这一模型有关的一些概念。这一模型中的各种要素可以分为两类。第一类是条件性要素，这类要素用来解释政治领导层的特征、本质以及说明这种政治领导层为何以这种方式运作。这些要素包括政治领导层合法性的来源，以及推动这种政治领导层发展的各类支撑环节。政治领导层及其支撑环节是密不可分的，与政治领导层紧密相关的各类支持力量来自认同政府权力合法性的那些群体。因而，在图1中政治领导层合法性的来源及其各种支持力量是用相互影响的箭头来连接的。

第二类要素是政治体系中的"决策过程"：政治领导层如何执行其政策，政策的执行又如何影响了这个国家的发展。这里，除了政治领导层本身之外，关键的要素是各类政策及其要实现的战略、将政策付诸实践的行政或管理组织以及国内和国际环境的特点。国内和国际环境自然也会反作用于领导层的决策。本书中所用的"政权"一词指的是政治领导层及其行使权力的渠道。

接下来，我们将解释如何将这种模式应用于沙特，各种要素相互作用的方式将成为后面各章探讨的主题。

政权合法性的来源

合法性指的是"一种制度能够产生并维持一种信念，即现有的政治体制是最适合社会的政治体制"（Lipset，1960：77）。政权合法性的来源在图1中处于一个非常关键的位置，我认为对此需要做一点说明。近年来研究阿拉伯政治的一些西方学者在研究中有一种倾向，就是忽略合法性的问题。对于这些学者来说，军事和安全机构对于理解中东国家政权的存续至关重要。不过，将军队和警察作为政权存续的关键，并将其推而广之深入所有的政治体制中，并不能说明合法性的问题就无足轻重。很少有政权能够只依靠武力实现统治。统治者至少需要一部分人认可他们统治的合法性。对政府统治合法性的认可度越高，政府统治过程中暴力的使用就越少。因此，探究一个政治体系内政权的合法性及其支持力量与使用暴力之间的关系，就显得尤为重要。一个政权对其合法性所做的声明表明了该政权如何塑造与民众的关系，以及它将向哪部分民众寻求支持。

这既可以用来解释沙特，也同样适用于其他国家：情报机构、警察及各类武装力量都会保障政权的发展，但一个政权不能长期只依赖于这类力量。接下来我们将分析五种可能的合法性来源，每一种都在某种程度上与沙特的体制有关。我们将探讨每一种合法性来源发挥作用的方式、优势及局限性。这五种合法性来源包括意识形态、传统、个人、幸福、民主/结构性。

意识形态合法性

这一概念指一个政治体系通过构建、宣传及维护一套特定的信仰体系来赢得大众的支持，这种信仰体系与这个社会的构成密切相关。

就沙特而言，其意识形态是通过宗教思想来解释社会的组织形式，国王一直以来把自己看成伊斯兰教信仰的保护者，推动国内伊斯兰教信仰的实践并帮助在世界其他地区传播伊斯兰教。尽管这种合法性的说教总体上是借助伊斯兰教来传达的，在伊斯兰教的不同支派中，圣地都是伊斯兰教的象征，但实际上沙特的伊斯兰教信仰与瓦哈卜提出的伊斯兰教传统密切相关，也就是我们通常所熟悉的伊斯兰教中的瓦哈比派。因而，意识形态的合法性主要是借助于宣传瓦哈比主义（Wahhabism）来体现的〔虽说有人反对，但本书还是使用瓦哈比主义。实际上，没有其他术语可以用来描述这一特定的伊斯兰萨拉菲教派]。

虽说没有几个沙特人认为自己不是穆斯林，但仍有许多人并不完全认同瓦哈比派的传统。从历史上来看，瓦哈比主义在沙特中部（内志省）势力最大，而阿拉伯半岛东部哈萨地区的大部分居民是什叶派穆斯林，汉志省则有一批苏菲派教徒以及非瓦哈比派的逊尼派穆斯林，阿西尔省的宗教信仰主要受到了也门宰德派的影响。沙特政权宣称自己是伊斯兰教的传播者和保护者，以此试图赢得所有穆斯林的支持。但实际上，与瓦哈比主义的联系使得其合法性的基础相对较弱。

传统合法性

这指的是统治者继承王位的合法基础，这种继承只有依靠既定的继承顺序才能获得合法的统治权。

就沙特来说，传统的合法性源于沙特王室自 18 世纪早期以来对阿拉伯半岛的统治。然而，这种合法性的获取源于其统一的进程，统治阿拉伯半岛这一事实并不是最重要的。毕竟在历史上的不同时期，其他家族也曾统治过这个地区。沙特王室的宣传主要是强调统一的过程，在这一过程中，18 世纪沙特王室取得了部分成功，19 世纪有成功也有失败，20 世纪终于取得了完全的成功。实际上，这种对继承合法性的宣称是建立在沙特阿拉伯现状之上的，在此基础上，王室成员有权将统治权控制在自己手中。与此有关的还有一种思想，即认为沙特王室仍然是保障这个国家统一的共同基础，并且认为其善于团结国内的不同派别，以防止这个国家走向分裂。

相比沙特的其他地区来说，传统合法性对于内志省吸引力更强。哈萨省（现为东方省）的什叶派、文化历史发达的汉志省的城市居民和受也门影响的阿西尔省的居民对统一过程的理解可能会大相径庭——尽管他们也是这一过程的受益者。

个人的合法性

这指的是民众接受统治与领导人个人品质之间的关系，这种品质通常被认为是超凡脱俗的，领导人多数可能具备魅力型领导人的特质。

在沙特，将个人的合法性同传统的合法性或幸福的合法性（见下一部分）区分开来是很难的。来自阿卜杜勒·阿齐兹家族的所有沙特国王都会因为他们的品质、成就和能力而受到赞扬。同时，国王和他的子民之间如父子一般的关系往往也是被强调的重点。不过在两位国王，即阿卜杜勒·阿齐兹国王和费萨尔国王统治时期，这种领导人魅力的特质发挥了特别重要的作用。对沙特国王来说，缺乏魅力的特质可能会弱化其维持统治的能力。

幸福的合法性

这种合法性源于政府能够提供民众所期待的政策、福利以及绩效。有权进行统治也就意味着，人们认为这个政权会有更好的方式让自己的民众实现自己的诉求。这里所提到的各种政策并不仅仅指物质上的福利，还包括更广意义上的幸福。比如说，保障国家安全或提升民族的荣耀感，与这些有关的外交政策都属于广义的幸福。"民粹主义"这个词表达了类似的思想，在阿拉伯世界的许多民族主义政权中，这些思想已经开始被用于实践。

自沙特开始生产石油，特别是 20 世纪 70 年代石油价格上涨以来，沙特政府一直强调其在为大众谋幸福方面取得的成就。虽说这种对合法性的强调不是那么明确具体，但还是传递出了一种信息，即统治的合法性也要建立在大众幸福的基础之上。基础设施建设、现代教育及医疗机构的发展、为贫困人口实施的福利计划以及政府机构的现代化都被看作政府有效领导下所取得的成就。

当大众的需求无法得到满足时，幸福的合法性就会大打折扣。当经济资源无法在大众中得到公正分配，同时腐败不仅导致管理不到位，还会让那些有权有势的人获得巨额财富，幸福的合法性就会大受影响。20 世纪八九十年代，沙特相当一部分人口就出现了这种状况。

民主/结构性的合法性

这一点涵盖了奠定大多数自由民主政治制度基础的统治的合法权利。合法性源于大多数人的同意，就如同在宪法的框架内通过选举来表达多数人的意见一样。

任何宣称沙特政权是建立在民主基础上的观点都略显苍白。针对批评者的指责，沙特政府提出了三种辩护理由，而对辩护理由加以分析就可以理解沙特政府是如何看待民主的。第一，沙特政府认为自己国家有一套法律体系，政府以相应的伊斯兰教法为基础，其合法性要比民主国家更高。第二，沙特政府宣称由国王和王室高级王公组成的非正式委员会可以看作一种部落式的民主。在这个委员会中，任何一个沙特公民都可以接近国王或他身边的人来表达自己的诉求。实际上，这种非正式委员会的主要功能是让每一个沙特公民能够解决他正在面临的一些棘手或现实问题，但这一委员会并不是影响政府重要决策的机构。第三，向一种更民主的政府形式转变已成为沙特政权追求的长远目标，但要实现这一转变尚需时日。

各界合作和支持的力量

政府领导特别是政权要赢得多数人的支持，就必须有各种可以依靠的支持力量。由于政权需要依靠这些力量，各种支持力量对于这个政权有着至关重要的意义。

在沙特，公民社会与政府之间的分界线远不如发达国家那么明晰。在发达国家，很容易能够分清哪些组织（公民社会组织和经济利益集团）在政府机构之外发挥作用并试图影响政府，哪些组织是政府基层组织的组成部分。如同许多的发展中国家一样，在沙特，公民社会和政府之间的区分很模糊。除下文提到的两个组织（即商人/商业资产阶级和外部力量）外，下文提到的其他所有组织作为公民社会的组成部分是在沙特政府的控制之外发挥作用的。尽管如此，大多数组织却有权接近政府的决策，在有些情况下，它们还在执行政府的政策，这样一来，这些组织能不能算作公民社会组织的问题就有点复杂了。公民社会、私人领域和政府三者相互交织在一起是沙特社会的一个显著特征，本书的任务就是尽可能清晰地分析每个组织如何弱化了公民社会和政府之间的界限。

王室家族

这是沙特政治领导层中最直接的支持力量，当然这个群体大多数人身居高位。国王就来自王室家族，王室家族的年长王公可以影响有时候甚至可以决定谁来继承王位，而且这些年长王公对关键领域的决策负有直接责任。同时，他们与国王结成紧密的盟友，来决定政策的总体方向。沙特王室的有些成员是这个国家一些省市的主要负责人，其他成员则普遍占据着国家行政管理机构的关键位置。即使是那些没有在政府行政机构担任要职的王室成员也能在这个国家中发挥重要作用，他们可以（通过私人关系渠道）向领导层提供有关经济、社会、政治和安全问题的信息。沙特王室大约有7000名王公，这样看来，王室家族的政治角色有点类似于一个一党制国家的政党：在军队、安全机构和行政部门都有王室成员；在基层，王室成员控制着最关键的岗位，为领导层提供信息，有时候还是民众与政府之间交流的主要渠道。

然而，很难把沙特王室描述成一个政治共同体，并不是所有的王室成员都在政府机构中任职，许多人活跃在私人机构中而不是政府机构中（尽管有许多人既活跃于政府机构，又活跃于私人机构）。王室成员对政府决策的影响可能反映出国家外部的一些利益，特别是当他们参与商业活动的时候。王室成员中那些地位较低、处于边缘的成员，也就是那些非阿卜杜勒·阿齐兹国王的后裔及其他的亲属，即便可以接近政府决策也无法获取巨额收益。

宗教团体

"宗教团体"一词指的是一个更为宽泛的群体，而不仅仅是那些主要的宗教领导人——乌里玛。宗教团体是意识形态合法性的主要来源，因此，它是一个非常关键的支持力量，这种政教关系又弱化了政府和社会之间的界限。瓦哈比派的乌里玛从政府那里领取薪水，他们活动的大部分经费和日常开支也是由政府提供的。乌里玛在推动政府政策合法化方面起着关键作用。

然而，乌里玛并不只是政府的臂膀，他们之所以能够影响君主是源于君主的一种认识，即他们是公民社会的重要力量。据说，国王阿卜杜勒·阿齐兹在大街上看见阿卜杜拉·拉提夫·沙伊赫（他是阿卜杜勒·阿齐兹统治早期一位有名的宗教人士）都会有点害怕。1924 年拉提夫去世后，阿卜杜勒·阿齐兹评论说"现在我才真的自由了"。乌里玛在重要的宗教团体中备受尊重，他们可以利用民众对他们的尊重来影响社会舆论的导向。

部 落

重要的游牧和半游牧部落领导人同沙特王室之间的紧密关系，源于现代沙特民族国家形成过程中的征服与扩张活动。不论这些部落领导人最终是否支持沙特的扩张，他们在维护部落民众的利益以及协调部落和国王的利益上起着关键作用。石油经济以及政府拟定的发展计划将会削弱部落领导人的重要性。不过，团结起来的部落仍是一支重要的力量，它将有助于保证军队和安全机构对国家的忠诚。

内志省区

内志省中部是沙特王室的权力中心。支持沙特王室的主要部落是来自内志省的游牧部落，因而内志省的组织和部落组织有重叠的地方。内志省还包括一些定居的农业人口和城市人口。这一支持力量很难像前面的分类那样可以被清晰界定，因为没有一个组织能被看作内志省的领导力量。无论如何，沙特王室还是受益于与内志省中部的这种特殊关系，正是该地区挫败了其他地区（汉志省、阿西尔省、哈萨省，可能还包括内志省北部）出于自己的利益而反对现政权的企图。

行政管理精英

在沙特的发展历史上，有一群拥有专业技术和技能的人员，满足国家日益增长的需求。这个群体中的高级人员在工作中能够接近高层的决策者，决策者需要他们的建议和处理事件的能力，他们也以此发挥自己的影响力，没有他们，政府机器无法运转，政策也无法执行。因而，他们对于政府推进幸福合法性有着至关重要的作用。尽管有些王室成员也是行政管理精英，但这一群体中的大多数成员来自普通的家族（也可能地位显赫）。

商人/商业资产阶级

商人和商业资产阶级是现代沙特国家形成的关键性力量，但这一群体的本质、构成情况及与政府的关系在不同时期变化很大。我们将在第二、三、四章详细说明这个问题，此处不再赘述。

外部力量

当然，这一支持力量的本质与前面的几种力量截然不同，因为它与沙特政府的合法性之间没有任何必然联系。然而，不可否认的是，自现代沙特国家建立以来，沙特政权一直在同通过外部力量施加影响的个人和政府合作。在有些情况下，这也包括那些独自发挥作用的个人，在阿卜杜勒·阿齐兹统治时期，国王的大多数顾问是外国人，有的来自阿拉伯世界 [比如，为国王提供外交政策咨询的埃及人哈菲兹·瓦哈卜（Hafiz Wahbah）]，有些来自西方国家 [比如，英国人圣约翰·菲尔比（St. John Philby）]。这些顾问将阿卜杜勒·阿齐兹的兴趣带到了更为广阔的地区，他们所带来的专业知识和有价值的信息，在阿卜杜勒·阿齐兹国王的政策制定过程中发挥了重要的作用。

从另一个层面来讲，政府层面的外部力量在军事、思想、战略或经济上所提供的支持被认为对沙特的发展和国家安全有着重要影响。沙特同外部力量之间的这种紧密合作，以及同有关国家形成的共同利益，是外部力量能够产生影响的重要原因。毫无疑问，这种影响是双向的，特别是在外部世界对沙特石油严重依赖的时期表现得尤为明显，但我们这里主要关心的是外部力量对沙特决策产生的影响。

决策过程

要理解政策的执行过程，我们就得分析沙特民族国家形成的过程，关于这个问题，后面的章节中会谈到。这里只解释一些相关概念。

"政治领导层"指的是那些参与关键决策的人。这里要把政治领导层同大臣会议的决策区分开来，无论是在界定政府不同机构作用的《政府基本法》中，还是在历史实践中，国王都是决策的中心，但把政治领导层只理解为国王一个人也是不妥当的。实际上，重要的决策都是国王同身居高位的王公商议后做出的。有时候，国王还会听取他身边宠臣的意见，不管这些宠臣是否拥有正式的职位，国王和身居高位的王公之间的关系因时代不同而变化较大。比如，在哈立德国王（1975～1982年在位）统治时期，法赫德王储掌握了大部分的决策权。1995～2005年，因国王身体欠佳，阿卜杜拉王储充当了摄政王的角色。然而，他的权力既不同于之前国王掌握的权力，也不同于他后来做了国王之后享有的权力。1995～2005年，身处政治领导层内部高位的王公之间存在某种精妙的权力平衡关系。

大臣会议所扮演的角色都是附属于政治领导人的。大臣会议及其控制的行政机构在决策过程中所处的位置比较靠后，这反映出它们只是具体执行政治领导层所做出的决策和战略。

这里所说的"国内环境"是指国家内部社会、文化、政治和经济发展的不同层面，不包括决策制定和执行的具体过程。国内环境是政治体系中其他要素发展的基础，比如，政治领导层周围各种支持力量的合作就是在国内的这种环境中发展起来的。在各种支持力量中，部落首领和宗教领袖分别通过部落和宗教团体来发挥影响力，商人和商业资产阶级所发挥影响力的大小取决于经济结构和私人领域在国家发展中所扮演的角色，行政管理精英会随着不断扩大的教育体系出现的各种职业和技术环境而发展。国内环境的不同方面对于我们的分析至关重要，其具体的发展将在后面的章节中详述。但这些发展代表了沙特公民社会（特别要注意瓦哈比主义的非政府特征）的特性、经济结构（从农业经济向石油出口依赖型经济的转变）以及不断变化的社会分层模式。

国际环境包括影响沙特发展的各类外部事件和要素，其中三个关键要素应引起我们的关注。首先是国际秩序，沙特如何处理同大国、国际组织之间的关系，以及如何寻求国际力量的平衡；其次是沙特宣称有权发挥领导作用的伊斯兰世界；最后是区域环境。区域环境是双元的，因为沙特是两个不同而又紧密相连的地区次体系的组成部分：一个是海湾地区，在这方面，海湾地区的安全问题以及沙特同伊朗和伊拉克的关系问题特别重要；另一个是阿拉伯世界或中东地区，在这个体系中阿以冲突是问题的焦点。

本书的结构：各章节及其主题

本书写作的目标是要分析影响事件形成的各种要素，重点是分析不同要素之间的相互关系，所以，本书安排的各个章节（第一、二、三章）并不仅限于讨论沙特国内政治的发展，在各章的分析中也会插入有关外交关系和经济的内容，每一章在结尾部分都会使用前文所提到的模型来总结这一时期总体的发展特征。最后两章（第四、五章）特别关注经济和外交关系，但同样关注这两者与国内发展之间的关系（以及经济与外交之间的关系）。

第一章"国家的形成"从现代沙特国家同18世纪、19世纪沙特王室统治下的各酋长国之间的联系说起，主要讲述现代沙特国家的形成。在这个过程中，国王阿卜杜勒·阿齐兹在1902年重新巩固了其家族统治的核心区域，将领土扩张到阿拉伯半岛更为广阔的区域。接着重点讨论20世纪初到1962年石油资源对沙特政治和社会结构带来的影响。同讨论沙特的大多数著作不同的是，本书认为现代沙特国家的完全形成是在1962年而不是在1902年。

第二章"费萨尔及其新政体：1962～1979年"主要讨论1962～1979年沙特政治和经济的发展。本章认为，1962年费萨尔重新获得首相职位（后来成为国王）标志着现代沙特国家制度化发展的开始。费萨尔发起和推行的一系列政策从政治和经济上改变了沙特发展的方方面面，并进一步改变了国家发展的特征。沙特现代国家奠基和发展的时间一直持续到1979年，虽然费萨尔本人于1975年遇刺身亡，但他死后的四年里，沙特的发展方向并未有任何显著的改变。

第三章"重新调整政策：1979年至今"主要探讨1979年至今沙特政治和经济的发展。国王费萨尔奠定的国家框架在这一时期依然在发挥作用，不过沙特又出现了一系列新的问题。对沙特来说，1979年有三个事件影响重大：麦加的大清真寺被袭击、伊朗的伊斯兰革命以及沙特东部省份什叶派的暴动。沙特应对这种危机的方式是进一步加强瓦哈比派的地位并巩固政权基础。这些措施无论从国内还是从国际来看，都是为了短期利益。这些政策的实施成了20世纪90年代和21世纪沙特所面临的一系列危机的根源。第一次海湾战争以及美国军队进驻沙特，进一步扩大了沙特内政和外交之间固有的矛盾。反对派集聚在批判伊斯兰主义者周围，有些已转移到了沙特之外。现在沙特采取的一些基本战略和政策正接受再评估，但实际变革的步伐正逐渐放慢。

第四章"经济改革面临的挑战"主要是在沙特整体的政治经济框架下分析其如今所面临的经济困境。尽管沙特的经济发展迅速，但在关键领域仍存在严重问题：保证经济发展的劳动力供应问题（男性女性都存在）、经济收益分配中相对平等的问题、打造适合经济长远可持续发展的（非石油的）经济结构问题、创建满足大众需求的社会和基础设施的问题。沙特要想加入世贸组织，这些问题必须要加以解决。

第五章"外交政策"主要讨论近年来沙特外交政策制定中所面临的一些关键问题，重点分析两个对立又统一的问题之间的相互关系：一方面沙特的安全高度依赖美国；另一方面沙特与美国的非正式结盟又引发了国家的一些安全问题。海湾地区及沙特国内反政府力量的形成，主要是因为这些力量对沙特与美国的结盟极为反感。这两个问题之间的相互作用给沙特的外交政策带来了诸多影响：应对国际恐怖主义；缔造海湾地区的和平与安全；在阿拉伯世界发挥领导作用；与国际人权组织保持一致以及支持民主自由的压力。

最后结语部分"危机、改革与稳定"，主要是把本书讨论的各个问题综合起来全面评析沙特君主制的未来。

第一章　国家的形成

影响沙特发展的传统因素及不断变化的
国际国内环境

从 18 世纪至 1948 年沙特开始石油出口活动，沙特在阿拉伯半岛的统治模式在沙特国家发展过程中并没有太大的变化。沙特王室主要依靠同宗教领袖及部落首领的结盟与合作来统治这片区域。宗教机制有助于沙特王室扩大其在该区域统治的地理范围。沙特基础资源开发的相对不足，使得不同社会组织的规模及其所扮演的角色不会有太大变化。国内的环境是相对静态的。不过，沙特领导人同国际社会打交道的方式却发生了深刻变化。20 世纪前夕，国际社会对沙特有诸多限制，总体上阻碍了沙特的发展。当沙特的发展开始危及地区稳定或挑战奥斯曼帝国的利益时，沙特就会受到遏制，沙特这一时期也没有可以依赖的外部支持力量。到 20 世纪，国际社会对沙特既有限制，也有支持。英国以及后来的美国在物质上帮助沙特，在国际政治中支持沙特，由此沙特国内秩序的稳定和国际上的影响力得以维持。但与此同时，英美也试图约束沙特在该地区势力的扩张。

1948 年以后，沙特国内和国际环境发生了显著改变。石油收入带来的大批新资源，对沙特不同社会群体之间既有的平衡产生了直接而广泛的影响。王室核心和个人控制的石油收入，影响了沙特的方方面面。沙特同国际社会的关系也因此发生深刻变化，沙特有能力在国际和地区事务上发挥更大的影响力。但同时，在某些方面沙特对外部世界的依赖比以前更加明显。石油资源的开发需要外部力量的不断介入并给予其安全保护，以防止外部掠夺者。

然而，1948 年后的十多年中，沙特政府的政策制定及其执行实质上没有发生太大的变化。沙特的财政要比以前好转许多，但资源的分配仍然由国王的临时决议来决定。和以前一样，分配资源主要是为了满足支持国王的各种势力集团：王室成员、宗教领袖、部落首领及一些知名的商人。各种新创立的机构，比如大臣会议，并没有从根本上改变决策的惯常做法，甚至政策的具体细节都是国王和他一直信任的支持力量之间通过沟通而得以最终敲定的。石油生产获得的收益主要是流向了中央的一小撮群体。沙特并没有制定出详细的计划来推动国家发展以此来改变民众的社会和经济状况。因而，政权的合法性主要还是基于宗教和传统的支持力量，而不是通过满足民众的幸福而赢得民众的支持。

政治领导层未能根据石油出口所带来的变化调整其政策和政策的执行，这导致了 20 世纪 50 年代末和 60 年代初政治上的危机。社会和经济发展之间的裂痕日益扩大和彼此叠加，石油收入显而易见的挥霍（具有讽刺意味的是，沙特不得不向国际货币基金组织寻求援助）以及政治领导层能力不足造成的国家混乱，破坏了国家凝聚力。此外，区域和国际环境的变化带来了更大的威胁。阿拉伯民族主义在阿拉伯世界是一股日益壮大的力量，特别是在纳赛尔的领导下有了进一步的发展，其核心是共和以及社会主义。无论是从战略角度而言，还是从阿拉伯民族主义的反殖民主义倾向来看，阿拉伯民族主义支持者都会寻求苏联的支持。沙特的君主制被视为不合时宜的历史产物，随时都会被历史所遗弃。

本章最后一节将分析在这种不断恶化的环境之下，沙特政治领导层内部上演的权力斗争。到这一时期结束时，沙特国家的特性已在悄然发生转变，政治领导层的政策制定及其执行方式都发生了很大转变。

本章试图还原历史背景，以此来具体说明现代沙特从历史上继承了哪些遗产。历史的方方面面有助于解释现代沙特的结构和发展要素。就历史发展对现在的影响，我们要做具体分析。

18世纪和19世纪沙特各酋长国及其遗产

沙特－瓦哈卜联盟

在形成现代沙特的历史、经济、环境和社会等众多因素中，最重要的因素是沙特王室与萨拉菲运动之间的联合，即我们熟知的瓦哈比主义,这种联合源于 1744 年宗教领导人穆罕默德·伊本·阿卜杜勒·瓦哈卜同内志省德拉伊耶(Diri'iyah)酋长国的统治者穆罕默德·伊本·沙特(Muhammad ibn Su'ud)之间的结盟。这一把世俗权力与宗教派别结合的理念在后来沙特统治阿拉伯半岛的过程中一直存在。在沙特国家形成的过程中,经历了三个历史阶段:第一阶段(1744~1818 年)、第二阶段(1843~1891 年)、第三阶段(1902 年至今)。尽管沙特的宗教领袖并不完全接受"瓦哈比主义"这个词,但很难找出一个其他的词来描述这一特定的在沙特国内占主导地位的伊斯兰萨拉菲教派。这一运动派别的追随者历史上曾把自己称作穆瓦希敦(muwahhidun,意为"信仰-神者"),因为他们强调认主学(tawhid,意为"认主独一,万物非主")。直到 19 世纪后期,人们才开始普遍使用萨拉菲(salafi)这个词语。

瓦哈卜思想的基础

瓦哈卜思想的核心是认主学这一观念,以及反对任何形式的多神教和偶像崇拜。伊斯兰教在数个世纪中的许多实践,比如对圣墓的崇拜、苏菲派特殊的仪式、真主和信众之间存在圣人这一中介,都被瓦哈比派认为是多神教对伊斯兰教一元论的歪曲。瓦哈卜反对多神教信仰对伊斯兰学说的侵犯,强调穆斯林必须回到早期伊斯兰教的纯真信仰当中,穆斯林应严格遵循《古兰经》和圣训的各项规定,主张一切应回到早期真实的圣训之中,主张认主独一,清除伊斯兰社会中的懒散与腐败,任何违背《古兰经》和圣训的改革都应该被禁止。

在西方世界及广大的伊斯兰世界,瓦哈卜通常被视为一个宗教狂人，他游离于他那个时代的宗教思想界之外，惯于用文学的方式解释宗教文本，忽视伊斯兰世界许多大城市的宗教传统，完全不顾及与他的思想有分歧的人，歧视妇女，强烈反对什叶派和苏菲派（当然更加强烈反对基督徒和犹太教徒），使用暴力来传播他独特的宗教思想（DeLong – Bas，2004：4 – 5）。

尽管传统上瓦哈比派对瓦哈卜思想的解释主要强调其思想严格的方面，但有些解释（既包括瓦哈比派的学者，又包括非瓦哈比派的学者）对瓦哈卜思想中的弹性（flexibility）给予了较多关注，哪一种解释更合理仍有待讨论。不过，不同解释方法的存在本身就很有价值，它表明宗教和政治领导人可以去争论和批驳瓦哈卜思想中一些有约束性的、明显有歧视性的内容。

因而，分析早先提到的更为自由和更为灵活的研究方法如何阐释瓦哈卜思想，就显得尤为重要。这里的重点要放在娜塔娜·德隆巴（Natana DeLong – Bas）的著作上，这不仅因为它是强调瓦哈卜思想中关于其"弹性"的论述最有影响力的英语著作，而且还因为该书反映了沙特本国一些（显然不是全部）权威学者的观点。这里要分析的研究方法主要指的是说明瓦哈卜思想中的"弹性"。

强调这种弹性的学者指出，对瓦哈卜思想的解释普遍存在误导。这本书提出，瓦哈卜出身于一个很有宗教学识修养的家庭，其思想反映在其所著的十四卷本的神学著作中，他是在阿拉伯半岛和巴士拉地区著名宗教思想家的指导下开展研究的。从他的著作中可以看出，瓦哈卜对伊斯兰世界已经出现的主要宗教派别有清醒的认识（Delong – Bas，2004：17 – 19）。

在这种解释框架之下，瓦哈卜的思想与18世纪伊斯兰世界的宗教思想是一脉相承的。当时，人们普遍认为伊斯兰社会已经变得大不如从前，而伊斯兰复兴主义者强烈要求要回到早期伊斯兰的信仰和社会实践当中。这些宗教思想甚至活跃在伊斯兰世界的中心城市。伊斯兰复兴主义者认为，伊斯兰社会之所以出现衰退，一方面与个人行为（特别是统治者）的不检点有关，另一方面与背离《古兰经》和圣训的宗教活动有关。他们认为，宗教机构沦落为政治领导人的附属品，而这些政治领导人都在不断背离伊斯兰教信仰，压迫其统治之下的臣民，从自己的权力中获取非法收益。伊斯兰复兴主义者要求进行激进的改革，以便让伊斯兰教的信仰再次成为伊斯兰社会的基础，统治者和民众都能够坚持和践行正确的伊斯兰价值观。他们反对任何背离《古兰经》和圣训的活动，认为崇拜圣徒墓的行为尤其令人难以接受，因为这违背了《古兰经》中所强调的认主独一。他们强调伊智提哈德（ijtihad，解释宗教文本）的重要性，认为每一代的每一个信仰者都有权利和义务去解释宗教文本的含义，而不是依赖早先几代人和思想者所说的话。他们反对把塔格利德（taqlid，传统）作为宗教信仰和人们活动的基础，除非这种传统是穆罕默德时期留下的。所有这些因素都存在于瓦哈卜的思想中（Delong-Bas，2004：8-14），因而有人反驳说瓦哈卜的宗教思想并没有什么特别之处。在基督教中，这种宗教复兴主义的思想既在 17 世纪英国的清教主义中有所反映，也在维多利亚时代英国很有影响的基督教原教旨主义思想中有所体现。

尽管瓦哈卜的思想中包含有激进主义的要素，要求国家保护和传播他的宗教理念，但瓦哈卜思想中弹性解释的方法被认为是瓦哈卜强调对话和讨论的论据。研究者指出，对话和讨论是瓦哈卜让人们接受其思想的主要方法。赞同这种研究方法的人认为，瓦哈卜著作的许多内容都强调引导穆斯林正确理解宗教思想的主要渠道是教育而不是"圣战"（jihad）。"圣战"是穆斯林共同体的共同职责，它是由宗教机构而不是世俗权力所决定的。实际上，瓦哈卜并不强迫穆斯林接受一种紧箍咒式的宗教信仰，相反他强调人的主观意愿。瓦哈卜认为，正确的动机远比合理的行动更为重要（Delong – Bas，2004：18 – 19）。

至于说瓦哈卜支持使用暴力的问题，研究者指出，他严格限定了武力使用的条件、必要性以及合理性。瓦哈卜的重点是坚持真正的伊斯兰教信仰而不是杀戮和毁坏。瓦哈卜后来辞去了沙特酋长国正式的伊玛目职位，为的是全身心投入宗教思想的研究和教育之中，他并没有为早期沙特统治者们所发动的战争颁布法特瓦（fatwas，宗教裁决）以使这些战争具有合法性。当沙特的臣民因战争而丧生的时候，他更是明确表示反对使用暴力，他也没有写过有关殉道的东西，更没有为那些因追求信仰而献身的穆斯林描绘一幅天堂的图景。瓦哈卜还指出，基督徒和犹太教徒都是"有经人"（people of the book），因此他们在伊斯兰国家中享受到齐米（Dhimmis，意为"受保护的人"）的待遇（Delong – Bas，2004：60 – 1；201 – 224）。

同样，与传统上对瓦哈卜思想认识不同的是，这种强调瓦哈卜思想弹性的研究方法认为，瓦哈卜对女性在这个社会中的角色给予了较大关注，强调男性和女性的平衡以及女性应该被赋予的权利。这并不是说他在女性地位的问题上持开明的观点，比如，有一次，他支持对犯有奸淫罪的妇女实施石刑。但研究者也指出，瓦哈卜在其著作中提到的关于女性权利的思想在当时极为少见。比如，缔结婚姻时要征得女性的同意；女性有权支配其丈夫给她的彩礼；有权离婚；有权反抗丈夫的暴力。不同于传统社会所强调的，妇女在家庭成员以外的男性成员在场时，要将自己全部用面纱遮挡起来，瓦哈卜提出，即使是有男性在场的情况下，妇女也可以露出脸、手和脚。在医疗机构和商业场所，可以出现一定数量不相关的男女混合的情况。特别引人关注的是，他提出妇女有权参与商业活动（Delong－Bas，2004：123－191）。

尽管现有解释中强调瓦哈卜思想的弹性，特别是瓦哈卜提出通过调整以适应政治和社会改革的思想引人关注，但历史现实是，对瓦哈卜思想进行更为严格解释的流派流行更广。有人认为，一旦宗教和意识形态成为政治权力的工具，这种简单化和歪曲原有思想的做法就不可避免。换言之，控制民众和扩张领土的需要决定了思想被利用的方式。在阿拉伯半岛，用暴力手段来传播瓦哈卜思想的穆瓦希敦不可能区分宗教文本中的细微差别。更进一步说，政府和宗教领导人的利益主要是利用和鼓励穆瓦希敦的不宽容和好战精神。通过这种方式，政府和宗教领导者才能控制住民众，扩大沙特王国的统治范围。不过，就这一点而言，瓦哈卜也已经设定了其基本的思想框架：正是他提出世俗权力有必要保护并传播他的宗教思想。以瓦哈卜思想为基础的这一运动，有时无疑就成了传播压迫和歧视妇女、什叶派、苏菲派、基督徒和犹太教徒等思想的始作俑者（Vassiliev，1998：75－78）。尽管18、19世纪这种压迫和歧视再正常不过了，但到20世纪，这逐渐成了一个严重的问题。

瓦哈卜本人参与的一些行动也易被看成放之四海而皆准的行为典范。比如，对犯有奸淫罪的妇女实施石刑，就可能鼓励对妇女使用暴力，其效果超过了任何其他教义。瓦哈卜毁掉了位于乌耶纳（al‐Uyaynah）的扎伊德·伊本·哈塔布（Zayd ibn al‐Khattab，先知的一位同伴）的坟墓，因为他认为这里成了崇拜人而不是崇拜主的一个地方，这种破坏坟墓的行为具有象征意义。虽说这一行动没有引发大规模毁坏墓葬、宗教场所及其所属财产的行为，但它鼓舞了一批穆瓦希敦去实施类似的破坏行为。透过这些事件，瓦哈比主义逐渐向不宽容发展，而不是瓦哈卜本人所追求的用对话的方式去解决问题。

然而，就此认为瓦哈比运动只是整体上普遍采取限制措施就陷入另一种认识误区了。不同时期因外部环境的不同，知名的乌里玛对瓦哈比主义的理解也不同。每个信仰瓦哈卜思想的人，会在影响瓦哈卜宗教思想的诸多因素中寻求平衡，建立起自己的认识，形成自己的判断。

沙特酋长国的扩张与收缩

在国家建立初期，沙特并没有立即走向扩张的道路。事实上，在穆罕默德·伊本·沙特在世和瓦哈卜担任伊玛目期间，沙特领土的扩张成效很有限。伊本·沙特于1765年去世，他的儿子阿卜杜勒·阿齐兹随后即位。阿齐兹控制了德拉伊耶酋长国，随后一直到1803年，他都在扩张领土。瓦哈卜于1792年去世，但在1773年他就放弃了伊玛目的教位，全身心投入撰写宗教著作、咨询及传教的工作中（Delong‐Bas，2004：35‐40）。直到1773年，沙特才实际控制了其后来的权力中心地带，也就是整个内志省的中部和南部。这些地带的有些人事实上在沙特统治之前就接受了瓦哈比主义，因而这个时期沙特的扩张是长期意识形态变革和宗教上改变信仰的结果，表明沙特的扩张是一个渐进的过程。事实上，沙特周边的酋长国最初都比沙特强大，因而后者武力扩张的范围很有限，这也是沙特政权起初为什么要致力于改变民众宗教信仰的现实原因。

因而，在阿卜杜勒·阿齐兹统治早期，沙特的领土扩张采取的是渐进方式。18 世纪 80 年代沙特才完全控制了内志省北部，1792年阿拉伯半岛东部（哈萨河地带）大批什叶派穆斯林才臣属于沙特。从 18 世纪 90 年代后期开始，沙特的扩张步伐明显加快，1797年沙特控制了卡塔尔和巴林。1801 年后，沙特对美索不达米亚（甚至一度占领了叙利亚的大片地区）发起了进攻，1803 年控制了什叶派的圣城卡尔巴拉，占领卡尔巴拉直接导致阿卜杜勒·阿齐兹国王遇刺。不过，沙特在美索不达米亚地区并未建立起系统有效的统治，部分原因是当地的什叶派穆斯林不与这些信仰瓦哈比主义的侵略者合作。在占领卡尔巴拉的过程中，大约 4000 名什叶派穆斯林被杀，包括侯赛因·伊本·阿里坟墓在内的许多什叶派圣地被毁坏。与此同时，在伊斯兰世界颇具争议的是，沙特正在将自己的统治权扩大到汉志省，1802 年控制了塔伊夫，1803 年控制了麦加，1804 年占领了麦地那。这些扩张都是在阿卜杜勒·阿齐兹的儿子沙特统治时期完成的，沙特的母亲是瓦哈卜的女儿。在占领塔伊夫的过程中，沙特对当地居民使用了暴力，屠杀了大约 1500 人（De Corancez，1995：24）。而在占领麦加和麦地那的过程中，尽管部分圣地被毁坏，有些地区的首领被处决，城市中的土耳其人被驱逐，但两座圣城都没有出现与此前类似规模的暴行。

不过，沙特的领土扩张对奥斯曼帝国的统一是一大威胁。奥斯曼苏丹授权埃及总督穆罕默德·阿里对阿拉伯半岛采取武力，并重新夺取圣城。起初，在国王沙特的儿子阿卜杜拉的指挥下，对1811年登陆阿拉伯半岛的埃及军队取得了军事上的胜利，迫使埃及军队退守海上。不过，在穆罕默德·阿里之子图松的指挥下，大批埃及军队的增援改变了两军的战略力量平衡。埃及军队于1812年控制了麦地那，1813年控制了麦加和塔伊夫。1814年，被誉为自阿卜杜勒·沙特以来最卓越的军事指挥家的沙特国王去世，沙特家族的地位进一步衰落。他的儿子阿卜杜拉即位。1818年埃及军队穿过阿拉伯半岛，将德拉伊耶夷为平地（Vassiliev，1998：154）。这导致沙特第一次建立国家的尝试走向终结。

1824年，图尔基·伊本·阿卜杜拉·沙特（Turki ibn 'Abdallah Al Su'ud）建立了沙特历史上的第二个王国。埃及军队并未一直停留在内志，而是控制了他们最感兴趣的汉志。新国家同第一王国一样，也是以沙特家族-瓦哈卜联盟为基础，但与第一王国不同的是，这个国家仅限于内志地区。1843～1865年，在费萨尔·伊本·图尔基统治时期，沙特的发展取得了极大的成功。这一时期，沙特有效地实施了"一个国家，一个瓦哈比主义"的政策，而不是向阿拉伯半岛东部和中部以外的地方扩张。费萨尔通过向奥斯曼帝国每年缴纳贡赋的方式获得了帝国对其地位的认可（Safran，1985：17）。不过第二王国因沙特王室内部的分裂而实力大受影响，这直接导致19世纪后半期国家的解体。阿拉伯半岛北部哈伊勒（Ha'il）酋长国的统治者伊本·拉希德（Ibn Rashid）于1887年占领了沙特首府利雅得，并将这一地区并入自己的酋长国。沙特王室主要的领导者阿卜杜·拉赫曼·本·费萨尔逃到了科威特，在那里和他的儿子阿卜杜勒·阿齐兹一直生活到1902年（Al-Rasheed，2002：24-25）。

沙特建立的第一王国和第二王国在统治形式上具有连续性。实际上，阿卜杜勒·阿齐兹在1902年建立第三王国时，其统治形式也没有大的变化。宗教与世俗权力的联合是三个王国共同的主要特征，乌里玛在培育社会价值观方面均发挥了重要作用。

遗 产

在依次建立的三个沙特王国中，瓦哈比主义同沙特政权之间关系紧密且相互支持。没有沙特王室的支持，瓦哈比主义不可能在阿拉伯半岛的伊斯兰社会中产生如此广泛的影响；同样，没有瓦哈比派军事上的支持，沙特王室也不可能有效控制阿拉伯半岛。瓦哈比主义成了沙特王室控制现有土地及进行领土扩张的合法性源泉。

不过，两者之间的关系也有一定的限制性因素——各自都为自己的活动空间划定了范围。就沙特世俗政权来说，政府必须在瓦哈比派乌里玛规定的范围内活动，为了赢得瓦哈比派这一关键力量的支持，政府不能施行冒犯瓦哈比派乌里玛的政策。瓦哈比派参与政府管理并不仅限于影响政府的政策，更为重要的是政府赋予宗教领导人更多直接的责任，让其来塑造沙特社会的发展特征。这样一来，瓦哈比派的乌里玛控制清真寺（影响社会舆论的主要渠道）就顺理成章了，他们还在教育中扮演重要角色，且通过"美德推广与预防邪恶委员会"来约束公民的社会行为。在这些领域，乌里玛的权力范围因时代而有所不同，但其一直在塑造社会发展特征上发挥着影响。有时候，这些人的思想也会违背国家政治领导层追求的发展目标，成了限制国家社会经济发展的"紧身衣"。比如，国家多次要求减少对外籍劳工的依赖，但因为在雇用女性劳动力上的种种限制，国家的这一努力难以奏效，但是限制雇用女性劳动力得到了"美德推广与预防邪恶委员会"的大力支持。

政府将其他伊斯兰宗教派别排除在政府的核心之外，这大大简化了沙特社会宗教组织的任务，并为国家创建了统一的精神特质。同时，缺乏宗教多元化也进一步强化了宗教领导层所提倡教义的严格性。对于沙特国内的其他伊斯兰宗教派别——东部的什叶派，以及汉志省支持非罕百里学派（non – Hanbali）的宗教领导人，瓦哈比派乌里玛的处理方式通常不是平等对话，而是强调自身的权威（Galindo，2001：149 – 152）。反对伊斯兰异端派别的宗教活动是瓦哈卜思想的重要组成部分，但在伊斯兰世界的其他地区，持瓦哈卜思想的人有时候在宗教思想上更为激进。比如，埃及宗教思想家拉希德·里达在瓦哈比派阐释伊斯兰教的基础上提出了自己的思想观点，他提出了一种更为全面的思想，即伊斯兰教如何应对西方社会侵入伊斯兰世界所带来的挑战（DeLong – Bas，2004：3）。

再者说，民粹瓦哈比主义的活跃给宗教和政治领导层都带来了挑战。瓦哈卜的清教思想和固有的平等思想——任何一个穆斯林都可以成为穆瓦希敦，可以甘于清贫，可以为了宣扬宗教信条而活着——对大众的思想意识产生了强有力的影响。如果那些深受瓦哈卜思想影响的人认为政府违背了瓦哈比教派精神，他们就会反对政府以及与政府有联系的宗教领袖。20 世纪 20 年代后期就发生过这样的事，当时参与伊赫万运动（Ikhwan Movement）的部分人员参加了反对阿卜杜勒·阿齐兹的暴动。20 世纪 70 年代后期发展起来的伊斯兰激进主义反对派在 1979 年 11 月攻占麦加大清真寺的过程中，名声大噪。其实在瓦哈卜在世的时候，沙特王室和瓦哈比派之间这种固有的难题就存在，瓦哈卜批评沙特在扩张过程中的财富积累及其相关行为。他辞去伊玛目的动机，也可能是想表达自己对这种行为的不满（Delong – Bas，2004：38 – 40）。

在沙特国家形成的过程中，瓦哈比主义不仅仅是社会生活和信仰的一种体现，也是沙特国家发展不可或缺的组成部分，为沙特的政治和社会秩序奠定了合法性基础。从这一点上来看，沙特不需要宪法，因为伊斯兰教的沙里亚法提供了政府运作的框架和法律形成的基础；代议制机构也没有必要，因为《古兰经》规定的舒拉（shurah，即协商）也通过沙特臣民同统治者直接的交流而得到体现；自由民主也没有必要，因为这会为破坏瓦哈比主义或者伊斯兰价值观创造机会。国家必须同社会中的"懒散"作斗争，要这样做，政府就需要准许宗教组织去宣传并强化瓦哈比派或伊斯兰教的行为规范。

权力的夺取和扩张：沙特第三王国的建立（1902 ~1932年）

现代沙特国家（或从历史上来看，沙特第三王国）的建立源于 1902 年。那一年，阿卜杜勒·阿齐兹和他的 24 名同伴逃出他们的流放地科威特，成功占领了当时被阿拉伯半岛北部哈伊勒酋长国的统治者拉希德控制的利雅得。接着，又再次攻占了沙特王室在内志省的传统统治区域。1906 年，阿卜杜勒·阿齐兹已经控制了内志省的大部分地区。1913 年，他的军队又控制了哈萨河东部的省份。1920 年，沙特王室又控制了阿西尔的大部分地区（1934 年，沙特也门战争之后，也门此前统治的一些区域也被沙特控制）。1926 年哈希姆家族在汉志省的统治被推翻。1932 年，这个最初名为内志、汉志及其附属地王国的国家，正式定名为沙特阿拉伯王国（McLoughlin，1993：103－122）。

帮助阿卜杜勒·阿齐兹控制大半个阿拉伯半岛的军队主要由贝都因人组成。然而，就此认为阿卜杜勒·阿齐兹所领导的这场运动是为贝都因人谋利益就错了。在夺取利雅得之后最初的四年时间里，阿卜杜勒·阿齐兹同拉希德作战的军队主要由城市居民和定居的农民组成。战争一结束，这些战士就回到了他们日常的工作岗位上。为了将自己的权力扩展到内志省中部以外的地区，阿齐兹需要一支有组织的军队，这支军队能够随时采取军事行动。贝都因部落领导人提供的这些部落士兵不能满足这个要求：他们不够忠诚。因而，阿齐兹将这些贝都因人投入农业生产中，他们由此放弃了游牧的生活方式。通过宗教的教化和军事训练，这些贝都因人变成在阿拉伯半岛传播瓦哈卜思想、扩展沙特政治权力的有生力量，他们成了有名的伊赫万。尽管他们有贝都因的血统，但伊赫万是在阿齐兹周围政治和宗教领导人的财政支持下发展起来的（Habib，1978：16－17）。

石油发现之前沙特王国的政治发展（1932～1948年）

国内支持力量的基础

尽管现代沙特国家形成过程中的各种环境在阿拉伯世界内部无可比拟，但阿卜杜勒·阿齐兹建立这个国家的形式同殖民主义开始前大多数传统社会的模式相类似，国王的政治权力需要得到王室其他成员、宗教领袖、部落首领及大商人的大力支持。这种权力模式及其运作实际上在沙特第一王国和第二王国时期就已经存在。

在王室家族中，虽说阿卜杜勒·阿齐兹地位显赫，但如果其他成员不支持他的话，国王的地位也会受到极大的威胁。比如，阿卜杜勒·阿齐兹统治期间，国王的弟弟穆罕默德·伊本·阿卜杜勒·拉赫曼（Muhammad ibn 'Abd al – Rahman）就是王室家族中挑战阿齐兹的一支力量。此人一直在王室成员及谢赫（Al al – Shaikh，他们是穆罕默德·伊本·阿卜杜勒·瓦哈卜的后裔，在沙特宗教界有着显赫的地位）成员中有着较大的影响力。尽管国王的长子沙特1933年被提名为王储，但穆罕默德仍希望将继承权转到他这一边。王室成员及与沙特王室联姻的家族在国家的行政管理中扮演着极为重要的角色，沙特·伊本·阿卜杜勒·阿齐兹（Su'ud ibn 'Abd al – 'Aziz）是内志省的总督，费萨尔·伊本·阿卜杜勒·阿齐兹（Faisal ibn 'Abd al – 'Aziz）是汉志省的总督，贾尔维家族（Jalwi family）成员一直担任着哈萨省（后来叫东部省）的总督，而苏德里家族（Sudairi family）成员一直担任着阿西尔省的总督。尽管这些人是在国王认可后才被任职的，但无论如何他们都身居高位，应该受到重视。

部落首领有效地保证了其成员对阿齐兹的忠诚，他们与阿齐兹之间是相互依赖的关系。为了回报国王给予他们的财政支持和对自己辖区内统治权的授予，部落首领要保证大多数部落成员在政治上的服从。部落首领与国王频繁而直接的接触进一步巩固了其与沙特王室的关系，因而，他们也有能力影响国王的决策。沙特王室同部落家族之间的联姻进一步强化了这种联系。阿卜杜勒·阿齐兹本人也从重要部落的大家族中娶妻、选妃。

宗教因素是沙特民族国家构建的重要组成部分，因而宗教领袖的角色注定会非常重要。乌里玛帮助国家塑造其基本形式，反过来，国王又利用他们来达成自己的政治目标。乌里玛推动宗教教育的发展，并利用这种教育培育出国家新生一代的共同价值体系。由于控制了司法系统，乌里玛可以推行统一的司法。通过自己控制的"美德推广与预防邪恶委员会"，乌里玛对民众的行为产生了实质性影响。乌里玛每周一次同国王的例会，可以保证自己接近政治权力的核心。

乌里玛有权就他们关心的任何问题发布法特瓦，这是推动政府实现目标的一种利器，但也可能成为阻碍政府目标实现的绊脚石。阿卜杜勒·阿齐兹尽力赢得乌里玛的支持主要体现在：他劝说乌里玛允许沙特引入西方的技术装备，比如，无线电、电报和手机，也就是说他得到乌里玛的授权后才引入这些装备。1950 年，当乌里玛反对国王纪念从拉希德手中夺取利雅得 50 周年时，引进计划被迫取消了。

此外，商人和政治家因相互依赖而走到了一起。1926 ~ 1933

年（要支付石油开发的第一笔专业税），公共财政的主要来源以及1947年前大部分的收入来源，是靠向到麦加朝圣的人征收交通费和关税。这两种收入来源都依赖于商业部门为朝圣者提供必要的服务，并维持繁荣的贸易，从而征收关税。而且，政府经常号召商人"捐钱"，或为了某些特殊的目的而向商人征税，比如支援战争，或是填补拨款机构的财政亏空。商业组织的另一个重要作用是其与乡镇负责人之间建立的紧密联系，实质上，乡镇负责人经常参与贸易活动。一旦阿卜杜勒·阿齐兹采取的经济措施触犯了商人的利益，国王最后往往不得不让步。比如1926年阿卜杜勒·阿齐兹想要没收汉志省所有的烟草供应却没有成功；1933年他给苏联沃斯特格尔挪格贸易公司特许，允许其自由出口商品到沙特阿拉伯，并自行经营零售业务（Niblock，1981：14-17）。

阿卜杜勒·阿齐兹不得不承认国王本身处置这些资源的权力有限，他必须顾及上述提及的这些利益团体。国家没有资金去创建强大的政治和军事组织，或者推出一项促进经济发展的计划，就必须通过其他渠道来维护国家安全、领土统一及发展的连贯性。反过来，沙特王室同部落首领、乌里玛以及商业组织之间所保持的这种关系，又失去了建立一个强大的中央行政管理体系的必要性。政府组织形式仍然很简单，1947年末，沙特只有三个政府部门，即外交部（1931年创建）、财政部（1932年创建）和国防部（1944年创建）。沙特既没有大臣会议，也没有首相，政策的酝酿、决策的形成主要由王室完成。国王只听取身边大臣的意见，沙特王室顾问的小圈子主要由非沙特人组成，帮助国王起草相关文件和具体的战略计划（Niblock，1981：16-18）。

国际支持力量：从英国到美国

20 世纪上半期，国王阿卜杜勒·阿齐兹国际上主要的盟友是英国，促使双方当初建立紧密关系的动力主要来自阿卜杜勒·阿齐兹，而不是英国。1902 年占领利雅得后不久，阿卜杜勒·阿齐兹就同英国驻海湾地区的代表建立了联系。显然，同英国建立关系是为了获得英国保护，类似于科威特以及停战后的阿曼这类酋长国一样受到英国保护。这种关系既可以让沙特免受其他海湾国家政权或酋长国的威胁，也可以让沙特获得武器和支援。1903 年、1906 年，沙特向英国驻海湾地区代表提出了进一步发展双边关系的提议。据说英国一些地方官员向政府施压，要求英国同阿卜杜勒·阿齐兹领导下的沙特建立双边关系，但英国政府没有做出迅速回应，英国的政策是要确保自己在海湾地区各海岸的利益，而不是卷入阿拉伯半岛内部问题的争端之中。英国也担心其与奥斯曼帝国的关系会不会因此而受影响，因为此时奥斯曼帝国仍宣称其对阿拉伯半岛的领主权。甚至沙特军队 1913 年占领了哈萨河地区，即将到达海湾地区入口处时，英国也没有给阿卜杜勒·阿齐兹任何保证（Al – Damer，2003：55 – 66）。

一战爆发后，尤其是 1914 年 10 月 30 日奥斯曼帝国对英、法、俄宣战并与德国和奥匈帝国结盟后，英国在海湾地区的地位急转直下。英国同沙特之间建立盟友关系的谈判于 1914 年 12 月开启，一年后，也就是 1915 年 12 月 26 日两国最终签署了同盟条约。尽管条约承认阿卜杜勒·阿齐兹是一位独立王国的统治者，但沙特的外交事务由英国负责，英国相应地要保障沙特的领土免受外部的攻击，并随后向沙特提供一定数量的武器装备和援助。不过，英国对沙特事务的参与依然有限。1926 年，阿卜杜勒·阿齐兹彻底占领汉志省后，英国才向沙特派驻了常驻代表；之前，两国关系通过英国驻海湾地区和伊拉克的代表来处理，英国并没有阻止沙特国王向阿拉伯半岛北部和东部的扩张，这导致英国在汉志地区的盟友沙里夫·胡赛因被夺权（Al - Rasheed，2002：42 - 43）。不过，在决定沙特与科威特、外约旦、伊拉克新政权之间的边界问题上，英国享有主导权。

1915 年同盟条约签订后不久，英国控制沙特外交已经不再是一个现实的选择。阿卜杜勒·阿齐兹有意扩张自己的领土，而英国却无意阻止他的扩张（Al - Damer，2003：55 - 77）。

1926 年 2 月，英国承认阿卜杜勒·阿齐兹是"汉志地区的国王，内志省及其附属地区的苏丹"。通过谈判，双方于 1927 年 5 月又签订了新的条约，在这份《吉达条约》（The Treaty of Jeddah）中，英国承认阿卜杜勒·阿齐兹统治下的沙特完全独立。反过来，沙特承认英国同特鲁西尔各酋长国签订的条约，废除奴隶制，并为英国穆斯林的朝圣提供便利。1930 年，两国开始互派大使（Troeller，1976：236 - 237）。

尽管英沙关系在英国的总体国际战略中并不那么重要，但这一关系对于沙特来说却意义重大。阿卜杜勒·阿齐兹借此维护了自身的权力，并在一战到二战这段时间巩固了沙特在海湾地区的地位。虽说英国对沙特军事和经济的支持相对有限，不过英沙关系对沙特王国本身的稳定和持续发展影响重大。再者说，这种关系对于英国的利益具有区域上的重要性，英沙关系能够确保沙特周边受英国保护的区域不会发生跨边界的颠覆。1936 年，巴勒斯坦爆发起义后，沙特对于巴勒斯坦地区的重要性显现出来，阿卜杜勒·阿齐兹凭借自身的影响力劝说巴勒斯坦代表于 1937 年去参加决定他们未来的会议。

尽管英沙双方都从这种双边关系中获益，但英国对于发展这一双边关系还是颇为犹豫。20 世纪 30 年代后期，当阿卜杜勒·阿齐兹要求英国保障自己的地位不受驻扎在也门的意大利军队威胁时，他没有如愿以偿（Al Damer，2001：28 – 30）。而英国也没有取得在沙特的石油特许权，因为英波石油公司（Anglo – Persian Oil Company）给出的竞标价远低于美国加利福尼亚标准石油公司（Standard Oil Company of California，SOCAL）的竞标价。

20 世纪 40 年代，美国取代英国成为沙特的主要外交伙伴。起初美国对沙特的兴趣不大，甚至在汉志地区被并入沙特以后，美沙双方都没有直接的来往。1928 年，阿卜杜勒·阿齐兹要求美国承认沙特，但直到 1931 年 5 月美国才在外交上承认了沙特，而且外交上的承认并未促使双方就领事或外交代表问题达成协议。1933 年 11 月，这一问题才得到解决。此时，距美国加利福尼亚标准石油公司取得沙特石油特许权已经过去了六个月。双方最初的代表只是领事级别，1938 年，人们发现了石油的商业用途后，美国决定于 1939 年 6 月将双方的关系由代表升级为大使。这样，美国驻开罗大使被任命为沙特非常驻部长（Vassiliev，1998：324 – 327）。

20 世纪 30 年代，美国加利福尼亚标准石油公司开始在资金上支持沙特政府，而美国政府从 1942 年起开始少量援助沙特。从 1943 年起，美国增加了对沙特的援助，这主要是因为美国加入反抗德意日法西斯的战争中后，沙特石油的战略重要性大大提升。随着美国在欧洲和太平洋地区战事的铺开，沙特对于北非和远东地区美国空军及其后勤补给的重要性大大上升。尽管美国起初想把在沙特的主动权留给英国，担心发展同沙特的关系会侵犯英国的利益，但 1943 年后，情况已迥然不同。1943 年 2 月，罗斯福总统发布了一项行政命令，提出"保护沙特对于美国的防御有着至关重要的意义"。此后，沙特通过美国的《租借法案》获得了大量的资金援助，这成了一个关键的转折点。1943 ~ 1945 年，沙特从美国获得了大量的援助，而同期英国正在减少对沙特的援助（Al - Damer, 2003：98 - 101）。1945 年，美国无疑成了沙特主要的经济援助国，以美国最初为自己建立的空军基地为基础，于 1945 年与沙特建立了军事上的联系。

政策和结构

沙特的这种政治体系所建立的政府类型很有效地维护了国家统一。1928 年当部分伊赫万分子反对阿卜杜勒·阿齐兹，指责国王已经背离了他们为之奋斗的信仰时，沙特似乎走到了分裂的边缘。毕竟，伊赫万为沙特的领土扩张做出了重要贡献。然而到 1930 年，阿卜杜勒·阿齐兹战胜了这种威胁：沙特政府建立了联系紧密的部落、宗教和商业网络，广大民众站在了国王一边（Kostiner, 1993：125 - 140）。

沙特国内的团结体现在 1933 年美国加利福尼亚标准石油公司取得石油特许权，该公司于 1938 年发现石油后决定生产并出口石油（尽管由于二战的爆发，1948 年沙特才开始大量出口石油）。沙特在海湾地区的外交政策也取得了成效：沙特与埃及和伊拉克之间起初相对紧张（或者未能得以发展）的关系逐渐出现了缓和，并有了合作（与埃及的合作出现在1932年以后，与伊拉克的合作出现在1933年以后）；沙特政府在1936年后对巴勒斯坦阿拉伯人权利诉求的支持（在1936～1939年发生阿拉伯人起义的背景下）。尽管这一地区有大国的争夺，但沙特在二战中依然保持了国家的统一。沙特还在1944年阿拉伯国家联盟的成立中发挥了重要作用（Holden and Johns，1981：118－122）。由于二战最后一个月沙特向轴心国宣战，沙特成了联合国的创始会员国之一。

不过，沙特的制度并未创造出能推动沙特长远发展的结构体系。沙特忽视了世俗教育，可供利用的有限资源主要投入与安全有关的计划（比如，建立无线电通信将不同人口中心区域同利雅得的宫廷联系起来），给贝都因人及维持宫廷开销提供补贴，并未将资源用在农业、工业和基础设施的投资上（Niblock，1981：94－95）。国家财政和国王个人的金库之间，没有什么严格的区分。

石油收入及其对政府和经济的影响（1948～1958年）

对政府管理的影响

1948年石油出口开始后，沙特政府可以支配的财政收入有了很大的变化。1938～1946年，沙特政府的年均收入为1400万～1600万美元，1948年这一数字已经达到5300万美元，1950年已经超过了 1 亿美元。1960 年已到达 3.377 亿美元。沙特政府（主要是国王）用于开支的类型和规模相应地发生了很大变化（Philby，1955：328）。

新的资源使得国家的现代行政管理机构得以发展。阿卜杜勒·阿齐兹去世前签署了一项命令，1953 年建立了大臣会议。在随后的十几年中，一系列政府部门相继创建，包括农业水利部（1953 年）、教育部（1953 年）、交通部（1953 年）、工商部（1954 年）和卫生部（1954 年）。有些发展资金也投入这些部门监管之下的各项计划中，特别是教育部、卫生部和交通部这三个部门。不过，这类资金的占比依然相对有限。20 世纪 50 年代中期，用于发展的支出从未超过公共总支出的 20%（Niblock，1981：16 – 18）。

最初，这些新的资源并未改变影响沙特政治发展的动力。这些新制度只是附在了旧有的制度之上，因而也不会对旧有制度产生多大改变。尽管沙特建立了这些新制度，但国王依然同王室成员、部落首领、宗教领袖、大商人协商之后做出决策，分配资金。

政策、结构和社会平衡

大量的资金进入现有的政治框架之中带来了压力和不稳定，毕竟这一政治框架是在与现在不同的物质条件之下创建的，由此导致沙特政府陷入了严峻的危机之中。第一个不稳定因素是日渐扩大的收入不平等而带来了社会的紧张，新收入的主要受益者是国王和他身边的人。到 20 世纪 50 年代后期，石油带来的主要收入由国王直接掌控，比如 1952 ~ 1953 年的政府预算将 1/4 的支出投入一个叫作"利雅得事务"的项目中（Holden and Johns，1981：163）。这其实就是国王个人的金库，他将这些资金用于宫廷开销和建设，打赏其他王室成员、部落首领及部分宗教领袖。商人则从降低进口关税及放宽进口管制中获利。需要说明的是，1950年沙特第一次引入个人所得税时，王室成员、乌里玛和商人享有免税特权（Holden and Johns，1981：163）。

王室成员及他们身边的人的富有同大多数人的贫穷形成了鲜明对比。实质上，沙特的一部分人在石油财富不断增加的背景下仍处于贫困状态。放开进口，商人确实能够受惠，但这破坏了沙特的手工业，对农业和畜牧业的破坏更为严重。20世纪50年代早期，农业生产力下降了。由于政府没有采取保护地方生产力的政策，传统的生产者遭到重创（Niblock，1981：96）。

第二个不稳定因素是新社会群体的崛起。其中之一是石油工业中的工人阶级以及与此相关的服务业从业人员。1952年，当时负责沙特石油生产的沙特阿美石油公司（ARAMCO）总共有24006名工人，其中60%是沙特本地人。1953年和1956年沙特发生了两次罢工，工人阶级在沙特社会和政治中发挥协同作用的可能性得到了体现。第二次罢工明显带有政治性，他们既反对美国也反对沙特王室（Lackner，1978：90，95）。另一个不断发展的社会群体是受过教育的公务人员和专业人士，他们或者在政府新建立的部门工作，或者在军队中工作（Lackner，1978：67）。20世纪60年代初，从事这类工作的沙特人大约有15000名。尽管这批人不易受到政治动员的影响，不过，他们有能力表达这种不满情绪。

财富分配的不平等以及与现有政治体制的利益并不完全契合的

新出现的社会群体，都带来了政治上的不确定性。但更重要的是，政治领导层应对此类问题的能力不足，以及对国家资源浪费的听之任之。

阿卜杜勒·阿齐兹统治的最后几年里，国王将大笔资金花在修建新的宫殿上，长期担任财政大臣的阿卜杜拉·苏莱曼既没有能力也不想限制这种开支。1953 年 11 月，阿卜杜勒·阿齐兹去世后，沙特·伊本·阿卜杜勒·阿齐兹即位，资源的浪费从既有的王室成员个人的消费，扩散到在国内外从事各种昂贵的、管理不善的事业，这其中就包括一项同船王亚里士多德·奥纳西斯（Aristotle Onassis）达成的交易，即创建一个对沙特石油运输有半垄断权的公司（这违反了沙特与沙特阿美石油公司已签订的协议），还包括为沙特军队购买先进武器（但因为缺乏训练，士兵不会使用）。到 20 世纪 50 年代中期，沙特更是从财政上支持纳赛尔领导下的埃及（随着 1958 年沙特在经济上支持企图谋杀纳赛尔的行动而告终）。因为管理不善和挥霍浪费，沙特出现了严重的财政危机。1958 年，沙特不得不向国际货币基金组织申请贷款，让国际货币基金组织的专家调查其经济发展中存在的问题（Bligh，1984：62）。

不断变化的区域和国际环境

因为区域政治环境的变化，沙特国内的经济和政治困境进一步加剧。20 世纪 50 年代中期，阿拉伯政治舞台上泛阿拉伯主义不断壮大，纳赛尔在区域政治舞台上的影响力正在逐步建立，1956 年苏伊士运河战争后这一点体现得尤为明显。沙特国王最初想同纳赛尔和解，并支持民族主义者的部分主张，以此来获得民族主义的部分光环。1954～1957年，沙特在财政上支持纳赛尔领导下的埃及，也正式接受了纳赛尔提出的积极中立主张。1954年，沙特终止了与美国在1951年达成的四点军事援助协议。1956年苏伊士运河战争中，沙特给予埃及强有力的支持：与英法终止外交关系，禁止石油运往英法。沙特对纳赛尔的支持使得民族主义者有了合法的身份，却导致沙特同西方国家的政府和组织之间出现了利益冲突：同沙特阿美石油公司就石油运输协议发生了矛盾，同英国就沙特对布赖米绿洲的主权出现了冲突（1954～1956年，这一冲突十分激烈），以及支持伊玛目加利卜·本·阿里（Ghalib bin 'Ali）反抗1954～1959年阿曼苏丹的起义（Al - Rasheed, 2002：106 - 114）。

然而纳赛尔的民粹主义和民族主义最终触犯了沙特最根本的利益，那就是维护阿拉伯半岛现有的社会秩序。1957年访美回来之后，国王沙特开始支持艾森豪威尔主义。国王对美国的支持、美国在这一地区强大的影响力加之其对友邦军事和经济上的援助，这些都将保障这一地区免受共产主义的威胁。沙特同纳赛尔之间的合作关系突然终结。

在接下来的十几年中，埃及同沙特之间冲突不断。对沙特来说，这种冲突的严重性在于埃及媒体对阿拉伯世界舆论所产生的影响力，以及纳赛尔在中东地区发挥影响力的能力。埃及媒体经常把沙特政权诋毁为封建制的、亲西方的君主制。纳赛尔有效地控制了阿拉伯民族主义运动，这尤其体现在1958～1961年纳赛尔控制下的叙利亚和埃及的统一时期。这些都导致沙特国内民众对王室的不满情绪增加。1958年3月，有爆料称国王沙特给叙利亚的情报头子阿卜杜勒·哈利姆·萨拉吉支付190万英镑，让他刺杀纳赛尔，因为纳赛尔要孤立和分裂沙特政权。1958 年 7 月，"自由军官组织"推翻伊拉克哈希姆政权的行动进一步加剧了沙特与纳赛尔之间的矛盾，国王沙特担心不久之后自己也会遭遇到和伊拉克政权一样的命运（Vassiliev，1998：372 - 377）。

对沙特政府及国家领导层的挑战

1950 年下半年，沙特国内就出现了推翻沙特王室的宣传，一批地下运动组织开始出现，比如民族改革阵线、自由沙特组织和自由军官组织（Bligh，1984：62）。1956 年 5 月和 8 月以及 1958 年 3 月，国王沙特相继处决了一批军官，这表明军队中也出现了不满情绪。1956 年苏伊士运河战争后，阿拉伯民族主义情绪进一步高涨。1957 年 3 月，国王沙特公开支持艾森豪威尔主义后，沙特与纳赛尔之间的矛盾进一步加深。这些都加剧了民众的不满。面对这些危机，沙特政府并没有积极去化解导致危机产生的经济和政治问题，而是采取压制政策，比如政府在 1956 年中期暂时禁止沙特的年轻人出国学习（Bligh，1984：62）。

权力斗争：决定沙特政府的前途（1958～1962年）

20 世纪 50 年代后期，沙特所面临的危机是多重的。显然，如果君主制要继续发展，沙特就必须对政府的行为和运作模式做基本的变革。就如何重建政府，沙特领导层内部出现了两种不同的意见，1958～1962 年，这两派展开了激烈的权力斗争。国王沙特就运用什么方式来保障国王自身的权力没有明确的计划，而是利用自己手中的资源竭力来维持他个人的地位和权威。这场斗争影响重大，因为其结果决定了未来几十年沙特发展的模式。

沙特王室内部的一种观点认为，未来的重点在于政治改革和民主化（当然经济改革也不能少）。支持这一主张的关键人物是塔拉勒·本·阿卜杜勒·阿齐兹（Talal bin 'Abd al – 'Aziz），20 世纪 50 年代早期他曾担任交通大臣，1960 年担任财政经济大臣。其他一些著名的支持者有纳瓦法、班达尔、法瓦兹、阿卜杜勒·穆辛以及马伊德。

另一种观点认为沙特应重点进一步加强经济和政治上的中央集权。该观点认为，一项可持续的经济和社会发展计划可以消解民众的不满。在这一计划下，浪费公共资源的现象将不再发生，资金流向将重新调整，以提升民众的幸福感。王储费萨尔·本·阿卜杜勒·阿齐兹支持这一主张（Niblock，1981：99 – 100）。

尽管从 1954 年 8 月起，费萨尔就开始担任首相，但国王沙特实际上控制着政府，决策仍掌握在国王身边的一小批大臣手中。1958 年初，沙特所面临的严重问题导致权力开始转移。由于意识到沙特君主制岌岌可危，国王的叔叔阿卜杜拉·本·阿卜杜勒·拉赫曼（'Abdallah bin 'Abd al – Rahman）召集了一次由高级王公、部落首领和宗教领袖参加的会议。1958 年 3 月中旬召开的这次会议开了四天，会议达成的共识是，政府的全部事务应交由费萨尔负责。国王沙特看到自己的重要支持力量都不大支持自己，别无选择，只能接受会议的结果。不过，国王沙特仍保留国王头衔，偶尔也有权参与政府事务（Vassiliev，1988：354 – 356）。

费萨尔执政的前两年，政府在制定经济和社会可持续发展计划方面进展不大，主要致力于节省开支。按照国际货币基金组织的指导意见，沙特的收支已恢复平衡，外债也已减少。此时，费萨尔的政治地位不足以安全地追求一个长期的发展战略。1958～1960年，国王沙特试图重组他的政治追随者。为尽力赢得地位显耀的势力集团的支持，他采取的措施有：拜访各部落，斥巨资招待部落首领，并给他们提供大量的经济补助（仍然保有的国王特权），以此来取悦部落首领；重启同乌里玛共同召开的常设会议组织并制度化，以此来强调自己在推动宗教礼仪发展方面的兴趣；倾听王室成员对费萨尔压缩财政开支的抱怨（Lackner，1978：62）。

1960年，国王沙特在王室成员、宗教及部落领导人中赢得了相当大的支持后，找到了重新控制政府的手段。其手段就是采纳一项政治改革计划，以此为他自己同自由派王公结成联盟奠定基础。早在1960年，就有传言说国王沙特想引入议会（尽管是任命制的），并实施政治改革（Bligh，1984：67）。自由派王公因此备受鼓舞，纷纷主动行动起来。1960年6月，塔拉勒和他的盟友提出了政治改革计划，即建立一个部分成员经选举产生的、有立法权的机构，一个有限的君主制以及一份宪法草案（Niblock，1981：100）。费萨尔驳回了他们的要求。1960年12月，国王沙特反对费萨尔提交的1961年国家预算，认为其程序有问题。由于费萨尔的政治权力被暗中破坏，他于12月19日宣布自己将"不再履行赋予他的权力"。

国王沙特确认费萨尔已辞去首相职务后，接着组建了一个新的大臣会议。国王沙特提名自己任首相，塔拉勒担任财政经济大臣。阿卜杜拉·伊本·哈穆德·塔里奇（'Abdallah ibn Hammud al -

Tariqi）被任命为新组建的石油与矿产资源大臣，塔里奇是一个因其民族主义思想而被人熟知的人。1960 年 12 月 24 日，大部分政治改革计划已经有了眉目。麦加电台宣布：大臣会议已经批准要建立一个国民议会的草案，其中至少 2/3 的议会成员都由选举产生（Holden adnd Johns，1981：213）。但三天后，这个方案被否决了。显然，国王沙特重新掌权后和费萨尔一样也不想推动民主化进程。

　　1960 年 12 月事件对自由派王公产生了重要影响。不管是国王沙特，还是支持他的传统圈子中有影响的人物，都不接受先前提出的计划。塔拉勒对现政权越来越不满，1961 年 8 月 14 日，他在贝鲁特一次媒体会上公开发表了自己的批判意见。之后，国王解除了他的大臣职务。同一时间，其他两位自由派王公阿卜杜勒·穆赫辛（'Abd al – Muhsin）和巴德尔（Badr）也被解雇。1962 年 7 月，塔拉勒和他最亲密的伙伴离开了沙特阿拉伯，同年 8 月中旬在贝鲁特的一次媒体会上，他们重申了自己的政治主张，随后定居埃及。在埃及，塔拉勒指责沙特政权"极度落后，发展水平低下，属于反动的个人君主制"，要求在沙特建立一个全国性的民主政府（Holden and Johns，1981：227）。

　　沙特君主制面临的威胁再次让政府的权力从国王沙特手中转移到费萨尔那里。国王沙特阵营内部公开的分歧使得塔拉勒及自由派王公在沙特之外获得了更多的支持，所产生的影响也更棘手（塔拉勒及 1/4 的自由派王公想要推翻沙特的君主制），这种情况导致沙特王室成员内部要求建立更稳固、更强大的领导层。外部情况的变化进一步敲响了警钟。1961 年 7 月，伊拉克总理阿卜杜勒·卡里姆·卡塞姆（'Abd al – Karim Qasim）明确提出了对科威特的统治要求（在距离英国对科威特的保护体制终结还有两周时间内），这进一步加重了沙特东部边境的安全威胁（Holden and Johns，1981：217）。1961 年 9 月，叙利亚从阿拉伯联合酋长国撤军促使纳赛尔在阿拉伯世界进一步推进他针对"反动势力"的行动，而沙特则被当成"封建主义和亲西方世界阴谋的中心"。1962 年 9 月，也门穆塔瓦基利亚王国被推翻，也门随之建立了一个由阿卜杜拉·萨拉勒（'Abdallah Sallal）领导的亲纳赛尔主义政权，沙特的西南边境也出现了安全威胁。国王沙特因健康欠佳，加之其阵营中的高级王公指责他因内部矛盾分歧而破坏了政府的团结一致，所以迫不得已，在政府机构中给费萨尔安排了一个重要的职务（Vassiliev，1998：362 - 364）。

　　1961 年 10 月，费萨尔在政府中的部分权力得以恢复（而国王沙特也去海外治病了）。1962 年 3 月，两兄弟就组建有效的合作政府问题达成了一致意见：国王沙特仍担任首相，费萨尔则担任副首相和外交大臣。1962 年 10 月，费萨尔重回首相职位，执掌政府大权（Niblock，1981：100）。虽说 1964 年国王沙特想重掌政府大权，但费萨尔这一时期已建立了稳固的支持基础，特别是高级王公以及宗教和部落领导人给予他极大的支持，他们的支持足以让费萨尔应对权力的挑战。1964 年 10 月底，在和高级王公、乌里玛和部落领导人沟通后，11 月 2 日国王沙特被废黜了，费萨尔成了国王。

结　论

　　1902 年成型的沙特第三王国可以说是一个"当代国家"

（contemporary state），只不过政治上其王位继承顺序一直未被打破。但 1962 年前，沙特从根本上讲并未形成"现代国家"（modern state）。君主依然以一种类似于沙特第一王国和第二王国的统治方式治理国家。合法性主要源于个人的、意识形态的和传统的基础。政府也不想为这种体制创建一种更合理的合法性来源，即建立强有力的国家机器来直接向民众分配福利。政府通过给个人好处的方式来赢得民众进一步的支持。支持国王的重要势力，同时也是国王新型财富的受益者，这些势力都是传统上实力强大的王室成员、部落领导人、重要的商人和乌里玛。

1948 年后源源不断的石油收入大大提高了政治领导人可支配的资源，但政治发展仍然停滞不前。沙特与外部世界在经济上和政治上不断的互动需要政府能够把握机会，并应对挑战，处理由此种挑战和机遇带来的问题。在能力不足的国王沙特的统治时期，沙特政府未能改变自身，因而也就无法合理应对这种变革。

沙特政府所面临的挑战既来自国内，也来自国外。从国内来说，新的社会阶层正在成型，他们有着新的社会、经济和政治诉求，而这种诉求受到来自更广泛区域的其他思潮的影响，对于传统君主制合法性持蔑视态度，有相当一部分人表达了政治上的不满。对沙特政府来说，幸运的是，这种不满没有演变成军事上或民事上的夺权行动。这可能与新社会群体薄弱的社会基础有关，也与宗教和部落持续发挥作用有关系。无论如何，高级王公认识到国王沙特的权力受到了威胁，所以这种夺权行动被有效制止了。费萨尔依靠传统势力的配合获得了强大的权力，但他在沙特政府中将要推行的政策又有效降低了这些利益集团对政权的影响。

第二章 费萨尔及其新政体：
1962～1979年

费萨尔、哈立德与中央集权的政府
（1962～1979年）

中央集权

1962～1979年，沙特政府经历了重要的转型。沙特政府面临的威胁减少与石油收入的稳定增长，使沙特的政治领导层有条件去制定国家的发展计划。政府不再受部落、宗教领导人或者商业组织的强力限制。政府制定了大量有计划的经济和社会发展计划，并伴有司法和行政改革以及机构的扩张。这些计划和改革既反映了政府的管理与领导的权力，也反映出政府权力的强化。

宗教、部落领导人以及商业组织在沙特仍有影响力，但其已不再是政府和民众之间重要的媒介。政府机构现在在推动经济与社会发展、指导社会和公众生活方面所扮演的角色意味着这些媒介在政府中已没有多少存在空间了。贝都因部落对沙特政府的支持依然很重要，但这有赖于政府对其直接的资助和福利政策的保障。商业也很重要，但商业组织不再被视为团结市民的重要盟友。政府通过制定相关的政策，也可以实现这个目标，甚至宗教上也在平衡中寻求变革。宗教对塑造沙特的国家认同依然至关重要，但政府在宗教事务中现在扮演着更关键的角色，这一点在沙特内政外交中都有体现。沙特在外交上更积极地坚持伊斯兰教，在内政上积极引导宗教机构。

在本章内容涉及的大部分时间里，费萨尔掌管着制定政府政策的权力。最初（到1964年11月为止）他是王储和首相，之后（到1975年7月费萨尔去世为止）一直是国王。实际上，在他统治的整个时期，费萨尔一直掌控着权力，这段时间里，其政策有明显的一致性和连续性。费萨尔1962年11月组建的大臣会议至其逝世都基本没有发生变动。沙特政府的渐进转变与费萨尔密切相关，但沙特政府的变革一直持续到1979年。在费萨尔去世后的四年里，沙特政府发展的动力和逻辑没有大的变化。哈立德·本·阿卜杜勒-阿齐兹（Khalid bin 'Abd al-'Aziz）1975年7月即位时，多数时候都是集体（沙特的高级王公们）做出决策，国家面对的问题和政府处理问题的方式都几乎没有什么变化。20世纪80年代后期塑造国家经济战略的第二个五年计划（1975~1980年）是在费萨尔的主导下起草的。沙特经济仍然受益于巨额的石油收入，这也反映在石油价格的上涨和产量的提高上。政府在内政和外交上关心的一个重要问题是控制并弱化社会主义/共产主义在各地的影响力。

有关沙特1962~1979年的统计材料，尤其是关于社会而非经济发展的统计仍不够全面。直到 20 世纪 60 年代中期中央统计部门才开始发挥作用，而早些年的统计材料仍是漏洞百出。按照时间排列的大多数有关沙特人口和就业的统计材料几乎无法追溯到 20 世纪 70 年代之前。因此，要准确分析 1962~1979 年沙特的发展，只能将重点放在 1970 年以后。1970 年前沙特社会发展的情况，只能通过 1970 年后社会变革的速度而加以合理推断。

行政管理体制的改革

行政管理的改革和发展进一步扩大了政府的权力，中央政府机构无论在人员数量上还是在制度层面上都有发展。1962 年，政府雇用了 36776 名行政管理和办公人员，到 1971 年，这一数字提高到了 85184 名（Awaji，1971：134）。1979 年，这一总数字已经超过 25 万了。国家信息部（以前是中央广播、印刷与出版局）是 1963 年建立的；1970 年成立了司法部；1975 年成立了高等教育部，市政与农业事务部，计划部（以前叫中央计划办公室），公共工作与住房部，商业部（以前是工业和商业部的一部分），工业与电力部，邮政、电报与电信产业部（Al - Rawaf，1980：420）。1975 年建立了皇家朱拜勒（Jubail）和延布（Yanbu）委员会来监督两个重工业中心的发展，而 1976 年成立的沙特基础工业公司负责大多数的工业事务。1963 年，政府颁布法令重组地方行政管理，授予地方政府官员更大的权力，降低部落酋长的权责（Khashoggi，1979：93）。但 1963 年法令的关键条款直到三十年后才开始付诸实践：创建省委员会来重点负责地方管理（AL - Rawaf，1980：426 - 428）。同样重要的是，政府建立了一个社会保障系统，以此负责照顾穷人，而不是通过王室成员、部落领导人的慷慨援助或宗教机构的慈善活动来照顾穷人。1962 年底，沙特颁布了《社会安全法》，确保 60 岁以上的人、残疾人、孤儿以及失去生活来源的妇女能获得每年 360 里亚尔①的最低生活保障。在这一法律之下，国家还为老弱病残修建了居所，建立了孤儿院、感化院，为盲人、聋哑人建立了学校（Holden and Johns，1981：258）。

司法改革淘汰了社会生活中某些过时的内容，并建立了一套更统一的司法体系。1962 年 11 月，政府废除了奴隶制（直到这个时候，沙特还有 3 万名奴隶）。1969 年，沙特颁布了《劳工法》，修订并改进了劳工法规，建立了仲裁委员会制度（Holden and Johns，1981：258）。1970 年沙特建立了司法部，将全国所有的法庭纳入统一的行政管理体系之中，而 1975 年创建的最高司法委员会负责协调现代司法与沙里亚法。司法权也从过去在某些领域享有司法权的部落和宗教领导人手中转移到政府的直接控制之下（Vogel，2000：107－109）。

重塑国家经济

计划经济改革

政府制定的发展计划尽管并不能准确反映出政府实际上的开支，但还是能反映出沙特追求经济和社会生活变革战略的主要内

---

① 沙特货币单位。

容。沙特最高计划委员会成立于1961年1月，但最初该委员会仅仅是为了监督各部门的开支。1962年10月，费萨尔就任首相后不久，发布了"十点纲领"。该计划表明他要有计划、有组织地推动国家发展，并表达了政府对"社会事务和教育"的关切，声称要"竭力发展国家的资源和经济，特别是道路、水资源、轻重工业以及自给自足的农业"（De Gaury，1966：147－151）。尽管"十点纲领"为20世纪70年代改变沙特的基础设施，出台工业和农业大规模发展的计划奠定了基础，但筹划和执行费萨尔发展计划的制度框架并未立即搭建好。1965年1月，沙特成立了中央计划组织（CPO），1975年成立了中央计划部，这标志着政府正式开始主导国家的发展规划。20世纪60年代后期，中央计划组织优先考虑发展的开支，然后起草了奠定20世纪70年代国家变革框架的两份发展计划：第一个五年计划（1970/1971～1974/1975年）和第二个五年计划（1975～1980年）。

1970/1971～1974/1975年计划将国家的发展目标定为提高国内生产总值的增长率，推动经济的多样化发展，降低国家对石油的依赖，为经济的可持续增长奠定基础以及开发人力资源以便让社会的不同成员都完全参与到国家的发展进程中。

1975～1980年计划也围绕着类似的目标展开，但却表达了更为广泛的政治和社会发展目标：要维护"伊斯兰教的宗教和道德价值观"，要确保"国家的外部安全和内部和平"，要增加"全社会的幸福感……要在急速的社会变革条件下推动社会的稳定发展"（KSA－MP，1975：4）。

两项计划中涉及的开支无论是规模还是结构都有较大差别。第一个五年计划预计在 1970/1971 ~ 1974/1975 年的公共开支为 413 亿里亚尔。其中的 184 亿里亚尔用于计划开支，而剩余的 229 亿里亚尔用于日常支出。这一计划的公共支出总额比 20 世纪 60 年代公共支出的规模要大，实际上，比 20 世纪 60 年代整个 10 年的公共支出都要大。在第一个五年计划期间，沙特的 GDP 从 160 亿里亚尔增加到 260 亿里亚尔，年均增长率大约为 9.8%。不管怎么说，第一个五年计划的支出规模还是要比第二个五年计划设计的支出规模小很多。在第二个五年计划中，公共总支出高达 4982 亿里亚尔。其中 3184 亿里亚尔用于计划开支，而 1798 亿里亚尔用于日常支出。GDP 预计以年均 10% 的速度增长。在 1970/1971 ~ 1974/1975 年以及 1975 ~ 1980 年这两个时期，实际上真正的支出要高于预算开支，前一个时期达到 865 亿里亚尔（比预算总数高两倍多），后一个时期则达到 6320 亿里亚尔（El Mallakh，1982：156，201）。

正如可从表 1 中所看到的，两项计划中分配给不同部门的公共开支比例有一些差别。第一个五年计划中，41.7% 的开支用于创建和维护现代国家安全所需要的国防开支和行政管理，25.1% 的开支则用于基础设施建设。在第二个五年计划中，国防开支和行政管理这两项开支的比例分别降为 15.7% 和 7.7%。相反，第一个五年计划中，用于国家经济资源开发的支出只占总开支的 10.7%，而第二个五年计划中则占 18.5%。如果再看看第二个五年计划中高额的支出预算，我们就会发现，1975 ~ 1980 年国家经济资源开发的花费要比 1970/1971 ~ 1974/1975 年高出 12 倍。虽说 20 世纪 70 年代沙特的行政机构在迅速扩大，建造了大量的教育基础设施，发展了通信产业，扩展安全组织并进行现代化，但直到 1975 ~ 1980 年沙特的主要投资才用于工业和农业领域（KSA – CPO，1970；KSA – MP，1975）。

表1 第一个和第二个五年计划中的各项开支

部门	1970/1971～1974/1975年 计划支出比(%)	1975～1980年 计划支出比(%)
经济资源开发	10.7	18.5
人力资源开发	18.1	16.1
社会发展	4.4	6.7
基础设施建设	25.1	22.7
以上支出总额	58.3	64.0
行政管理	18.6	7.7
国防开支	23.1	15.7
外部援助	—	12.7
以上其他开支总额	41.7	36.1

资料来源：KSA – CPO，1970；KSA – MP，1975。

经济发展结果

20世纪70年代沙特的发展计划虽说吸引的资金要比计划预计的多，但并未取得计划所设定的目标。1970/1971～1974/1975年GDP以年均13.2%的速度增长（计划中预计的速度为9.8%），但这一增长主要是源于石油价格和产量的上升。农业产量以年均3%的速度增长（而计划中预计的速度是4.6%），工业生产以年均11%的速度增长（计划中预计的速度是14%）。1975～1980年，沙特GDP的增长率要低于计划预计的速度（实际年均增长率是8%，而预计是10%），但非石油经济的增长速度要高于计划的预期（实际年均增长率为 15.1%，而计划预计是 13.3%）。这种成功并不全是因为有协调一致的政府发展战略，政府手上有大笔可以处置的资金也是重要因素。沙特年均石油收入从 20 世纪 60 年代早期的 4 亿～6 亿美元上升到 20 世纪 70 年代初的 10 亿～20 亿美元，20 世纪 70 年代中期更是上升到 220 亿～360 亿美元。1979 年，石油收入达到了 480 亿美元（El Mallakh，1982：62）。1962 年，沙特的海外资产还是微不足道的，但到 1980 年，海外资产带给沙特的利益收入在国际金融秩序中扮演着重要角色。我们无法获得准确的数字，但 1980 年沙特公开的海外资产估计达到了 1000 亿美元。另外还有 300 多亿美元的资产属于沙特公民和各商业银行。

无论如何，1962～1979 年，沙特经济社会变革的规模是相当大的。1962～1979 年，沙特人均收入上升了 40 倍，从 1962 年的年均 550 美元，增加到 1979 年的约 22000 美元。原油产量从 1962 年日均 1.64 万桶上升到 1979 年的日均 9.53 万桶（El Mallakh，1982：55）。沙特提出了世界上最大的燃气开采计划。朱拜勒和延布是专门为重工业发展而设计的两个中心，主要产业是将天然气作为燃料或原料，建造石油提炼网、轧钢厂、石油化工厂、冶炼厂、甲醇厂、化肥厂、铝型材加工厂的计划都已经被提上日程。在沙特其他地方，整车厂、集成谷仓、面粉和饲料厂以及食物加工厂、建筑材料厂和生产消费产品的工厂都建了起来。在石化领域，沙特正成为国际石油市场的一个主要杠杆。

1962～1979 年，同其他经济领域相比，沙特的农业增长较缓（年均增长率为 3%～4%），但这一时期还是为农业生产力的大幅提升奠定了基础。主要措施是 1968 年《公共土地分配法》的颁布。该法令指出，此前大量被认为是贫瘠的土地实际上是可以耕种的，条件是得有充足的资金可以用来购买抽取地下水的设备。第一个发展计划指出，农业中可利用的资源比过去所认为的要多。10公顷以内的小块土地分配给了个人，400 公顷的土地分配给了一些公司，条件是土地必须得用于农业开发（Hajrah，1982：71）。这一时期政府还启动了较大规模的资本密集型计划，这些计划使沙特20 世纪 80 年早期在某些农产品尤其是大麦和小麦上实现了自给自足，但这一发展的社会和环境代价也相当高。农业发展主要是靠国家大量补贴灌溉设备而实现的，随之而来的是地下水位的急剧下降和土地盐碱化程度的增加（Nahedh，1989：202 – 209）。

社会和教育领域的开支也比较大。1960 年只有 22% 的男孩和2% 的女孩入学，而到 1981 年男孩和女孩的入学率分别是 81% 和43%（Metz，1993：97）。就大学来说，入学人数从 1964 年的不到3000 人增加到 1979 年的 36000 多人。这一时期，各级教育的入学总人数从 1963 年的 15 万人上升到 1979 年的 146.2 万人（差不多占总人口的 20%）（Al – Rawaf，1980：243；KSA – MP，2005）。医院和健康中心的数量也有较大规模的增长。20 世纪 60 年代早期医疗服务极不发达，但到 1979 年时沙特已经有了 67 所医院和 824所卫生院。社会保障预算从 1963/1964 财政年度的 260 万里亚尔上升到 1973/1974 财政年度的 2280 万里亚尔，1977/1978 财政年度则达到了 14650 万里亚尔（Al – Rawaf，1980：220）。因这一预算而受益的人数从 1963/1964 财政年度的 12.7 万人上升到 1978/1979财政年度的 75 万人。

　　与半工业化国家相适应的基础设施建设也在进行之中。所有主要的人口中心都通过铺设的道路网络连接在一起（仅第二个五年计划期间就修筑了约 13066 千米的道路）。大量的资金也被用于市政建设（使城市"更健康，更舒适，更宜居"，用第二个五年计划的措辞来说，在这些地方生活、工作和旅游都很适合）。住房建设由第一个五年计划时期内的年均 17500 套上升到第二个五年计划期内的年均 40000 套（不管是通过政府的直接参与还是在政府信贷帮助下私营部门的投资）。电力生产和水供应量增长也相当快。1979 年的电网发电能力约是 1962 年的 20 倍；水供应量（无论地下水供应还是海水淡化）差不多也增长了 20 倍（KSA – MP，2000）。机场和港口设施建设也大大超过了 1962 年的发展水平。

　　因而，1962～1979 年是沙特以大规模的国家投资改变其经济、社会发展和基础设施的时期。国家对于民众的福利来说至关重要，这在历史上是首次。国家的资源直接改变了民众的生活条件，也改变了个人就业和自我发展的机会。

新政的社会动力：不断趋于稳定的社会环境

　　前面提及的社会和经济发展对沙特的政治和社会活力产生了广泛影响。倚重石油的经济体系正在塑造一种新的社会和政治环境，社会组织也正在形成，不过这些组织还无法在政治上组建或形成反对力量，政府追求其政策的手段也助长了这种政治上的沉默。从长远来看，打破平衡的新势力将会出现。不过在 20 世纪六七十年代的大部分时间里，政府有能力应对诸如源自纳赛尔主义和社会主义的反对派。

外籍劳工

在维持这种政治缄默的过程中，劳动力在经济中所扮演的角色至关重要。在其他发展中国家，劳动者可能会成为极端政治运动的社会基础。而在沙特，包括手工业者在内的劳工大多数是流动的。沙特的劳工既不可能也不易于走上政治激进主义道路。

沙特的外籍劳工数量在整个 20 世纪 60 年代都在缓慢增长，但在 1970 年后迅速增加。1963 年，沙特雇用了大约 115000 名外籍劳工，大约占劳工总数的 14%。1970 年这一数字已上升到 320000 名，占劳工总数的 27%，1975 年增加至 668500 名，占劳工总数的 40%，1979 年则达到 1347000 名，占劳工总数的 53%（Sirageldin et al.，1984：32）。值得强调的是，这些年来，在外籍劳工的构成中，非沙特籍阿拉伯人的数量在稳步下降，而来自印度次大陆和东南亚的人数在增加。1975 年时只有约 5% 的外籍劳工来自印度次大陆和东南亚，而 1979 年这一比例上升到 15%（Birks and Sinclair，1980：114 – 115）。

尽管目前我们没有外籍劳工在非农业手工工人中所占比重的可靠数据，但可能的是，到 1975 年，这批劳工不超过沙特劳工总数的 20%，随后这一比例还在下降。雇用非农业手工工人最多的两个部门是制造业和建筑业，在制造业领域，外籍劳工 1975 年约占雇用人数的 90%，而建筑业领域约占 85%（Birks and Sinclair，1980：108）。

　　大多数外籍劳工一般签的都是 2 年或不足 2 年的短期合同，一旦合同期满或雇主终止合同，这些雇员必须离开沙特。大多数外籍劳工并不是举家来到沙特，他们的主要考虑必然是要养活家人，因而其大部分收入也汇回自己的国家。一些规模较大的国家发展规划选在"飞地"场所：如朱拜勒和延布这样的工业城市都远离主要的城市，并形成了新的人口中心。在这些"飞地"，外籍劳工和当地居民的接触非常有限，而一旦这一项目完成，外籍劳工力就返回他们的祖国。有些承包的公司（特别是那些来自东亚的公司）从公司总部所在的国家输入项目需要的劳动力，也给这些工人在项目驻地提供住处（Birks and Sinclair，1980）。外籍劳工几乎不怎么接触沙特社会，他们工作和生活的文化环境通常是自己国家的。

　　这类劳工不大可能被纳入沙特政治范畴，他们也不会构成极端主义政治运动（不管是世俗的还是宗教的）发展的土壤。沙特工业和服务业中的工人很少能成为影响国家政治进程的社会群体，而从事体力劳动的沙特人比外籍劳工的工资要高、生活环境要好，因而沙特劳动力的社会经济构成和民族/文化构成表明没有一个群体能够团结一致转变成政治化了的工人阶级。

新中产阶级

　　新中产阶级的出现也强化了这种政治缄默。这一社会群体主要来自行政管理及其他非工业部门的公共雇员。新群体的出现也体现出公共部门的不断扩大。1979 年，沙特的劳动力中有 26% 的人在公共部门工作。在沙特，有超过 1/3 的劳动力从事行政管理、职业/技术、神职、商务或熟练技工等工作（KSA－MP，1980）。

有些分析家（比如 Rugh，1973；Heller & Safran，1985）把新的中产阶级看成政治变革的社会基础。他们提出，这一受过良好教育的专业技术群体将会要求参与政治决策的权利，也会越来越对传统政治权力中存在的种种束缚产生不满。然而，现实的发展却是相反的。对国家工作岗位的依赖抑制了他们政治上的活力。当政府雇员提出政治或社会诉求，以及在雇用他们的公共机构之外追求这些目标时，他们可能会被解职。公共部门的雇员因而成了抑制潜在反对力量的一种工具。

公共部门的雇员也在更广泛的意义上消解了潜在的反对派。公共部门为大批在大学和其他学校受过教育的沙特人提供了岗位。1964 年，大约只有 200 名沙特人有大学学士学位（不管是从沙特还是从国外大学毕业的），1970 年这一数字为 808 人，1980 年则是5124 人，1962 年受过各类教育的沙特人总数约为 30000 人，1970年为 48865 人，1980 年则为 159738 人（KSA－MP，2005）。如果这些大学和从其他学校毕业的学生找不到工作，那就会形成一个对政府不满的社会群体，会对政权的稳定性产生威胁。

商人和商业机构

商业的繁荣及知名商人家族在经济中扮演的关键角色进一步扩大了支持现政权的势力范围。

1975 年，商业机构中雇用的劳动力约占劳动力总数的 27%（这里的商业活动包括贸易和金融、交通运输和建筑业），1980 年这一比例上升到 36%（El Mallakh，1982：26）。这源于沙特依赖石油的经济特征和政府追求的政策，石油收入为大规模消费品的输入提供了必要的资金，政府的自由主义经济哲学决定了私人商业机构基本上可以处理这些贸易往来，大规模消费品的输入遏制了其他私营部门的发展。因而，私营经济的主体是商业而非制造业，商业活动的重心是进出口贸易，地方手工业和工业生产的产品难以同进口商品进行竞争。所以对于私人投资者来说，他们几乎没有在制造业领域投资的动力。

控制商业机构的商人家族的利益显然在政治上与政府保持一致。商人家族的许多财富源于商业机构充当西方公司和企业代理人而从事的贸易（Field，1984）。政府创建的自由主义经济框架向国际贸易开放，以及政府大规模投资国家发展规划，这些都为商业家族的繁荣奠定了基础。保持政治稳定的同时与西方国家保持密切的合作关系对商人来说至关重要。

那些与商业联系紧密的制造业会被一部分主要从事进出口贸易的商人看重并投资。比如，拉积赫（al-Rajhi）公司生产灯泡，该公司也是灯泡的主要进口商；国家烟草公司是沙特最大的烟草生产商，它同时也负责销售美国的万宝路香烟。进一步说，许多制造业公司也装配进口的各种部件或加工、包装进口的产品，甚至与农业的联系也日渐紧密。根据沙特《公共土地分配法》（1968 年），商业公司（在任一分配计划中）可以分得 400 公顷的土地，而个人分得土地的最高限额是 10 公顷。在这一法令之下，一些公司获得了大量的土地。商人利益集团通过伊克塔制度也获得了一部分土地，这类土地本来是王室分配给部落领袖的，但最后这些土地却分配给了那些与部落领袖家族有联系的商人（Hajrah，1982：63 - 68）。

定居农民和牧民

20世纪六七十年代，乡村的数量在减少，而且越来越依赖国家的支持。20世纪60年代中期，大约200万名沙特人以畜牧为生（Nyrop，1985：83），到1980年，农业领域雇用的劳动力总数（定居的和游牧的）达到了近426000人（El Mallakh，1982：418）。国家的支持对乡村各方面的发展至关重要。尽管个人可能会受到影响，但乡村整体利益与国家的政治相契合。农业家庭要么接受直接（根据拥有牲畜数量进行核算）的援助，要么有家庭成员受雇于国民卫队或其他政府部门，农村人口的生活基本上不再依赖农牧产品的销售。

外交政策

国内与国际环境的关联

1962～1979年，沙特在区域和国际政治中所扮演的角色是与其国内的需求和环境紧密相关的。这一时期，沙特抗衡并最终遏制了中东地区世俗激进主义势力的发展。正如第一章所谈到的，阿拉伯世界激进主义政治运动所带来的挑战，本身构成了沙特政治变革的严峻考验。

纳赛尔主义的挑战：1962～1967年

沙特主要的挑战来自贾迈勒·阿卜杜勒·纳赛尔统治下的埃

及。这种挑战在 1962～1967 年达到了顶峰，埃及和沙特之间的意识形态之争与沙特寻求更广阔的区域发展空间有关。纳赛尔在阿拉伯世界有着相当大的影响力，并意图阻止正在发展的阿拉伯复兴主义和马克思主义对他所主张的阿拉伯民族主义所产生的影响，因此他对沙特发起了论战。位于开罗的阿拉伯之声广播电台把沙特贬损为一个"封建君主制国家"，"是阿拉伯反动世界的中心，是西方阴谋的代言人"。

为回应纳赛尔主义的挑战，费萨尔试图在国际上建立一个支持网络。1965 年，他主动召开了一次伊斯兰峰会，这次峰会展现了沙特对于广大伊斯兰世界的重要性（Madani，1997：88 - 91）。一方面是沙特想巩固其在国际社会中所设想的合法性；另一方面是想为寻求阿拉伯世界之外一些伊斯兰大国的支持奠定基础。沙特同西方国家的外交和军事关系也得到了加强，与美国的关系则有些紧张。1960 年早期，美国试图维持与埃及的关系，目的是阻止苏联 - 埃及关系的进一步加强（Holden and Johns，1981：229 - 231），这对沙特扩大其支持范围产生了一些限制。巴勒斯坦问题在费萨尔的考虑中所处的核心位置也给美国政府带来了一些问题，但不管怎样，美国对沙特的军事援助还是逐步建立起来了。

沙特和埃及冲突的焦点是也门。在也门，埃及支持共和政权（即阿拉伯也门共和国，于 1962 年 9 月北也门政变后成立），而沙特对穆罕默德·巴德尔领导的保皇派给予财政和后勤支持。埃及在也门的驻军数量最多时达到 6 万人（Holden and Johns，1981：243）。埃及越来越深地卷入也门内战中，但其既无法镇压叛乱势力，也不愿意放弃共和派联盟，因而，纳赛尔对沙特的不满进一步扩大。1966 年末，沙特前国王沙特受邀访问开罗，当埃及允许其用阿拉伯之声来重申自己对沙特王位的合法性时，沙特和埃及的冲突达到了顶点（Holden and Johns，1981：250 - 251）。

1967 年战争与地区均势的改变

在 1967 年阿以战争中，埃及的失败对也门冲突和沙埃关系的总体发展产生了直接影响。埃及无论从军事上还是财政上来说，都无法在也门保持强大的军力。战争爆发前夕为加强埃及在西奈半岛迎击以色列的军力，埃及的一部分军队已经从也门撤退。战争进行期间，埃及的撤军速度进一步加快。1967 年 8 月，在喀土穆举办的阿拉伯首脑峰会所达成的决议更是有效限制了埃及政府干预阿拉伯国家政治的想法。埃及经济处在崩溃的边缘，在面临失去苏伊士运河收入的同时还得承担军事重建的代价。在峰会上，沙特、科威特和利比亚政府的领导人承诺，本国政府每年给埃及提供 2.66 亿美元的援助，给约旦提供额外的 1.22 亿美元的援助。沙特在这次援助中贡献了 1.4 亿美元（LAS，1985：144）。

1967 年 8 月 30 日，纳赛尔在喀土穆同费萨尔的一次会晤中同意放弃埃及在也门的军事存在。全部埃及远征军 11 月底之前撤离也门。尽管也门内战一直持续到 1970 年，但这不再是沙埃冲突的焦点。沙特与人口最稠密、影响最大的阿拉伯国家之间的冲突告一段落。

为控制并弱化中东地区世俗极端主义的势力，沙特政府在 1967 年战争后表现得比战前还要强势。特别重要的是，沙特不再需要面对埃及。1967～1973 年，沙埃关系逐渐从敌对走向密切合作。1972 年，沙特政府在劝说萨达特总统将苏联军事顾问驱逐出埃及这件事上发挥了重要作用。1973 年十月战争准备时期，费萨尔和萨达特就共同追求的战略目标达成了一致。萨达特特别关心沙特用石油来抵制那些被认为有敌意的国家（Heikal，1975）。

沙特政府在影响巴勒斯坦民族运动内部的政治平衡上也取得了一定的成功。从 1969 年春天起，沙特的财政和后勤支持第一次到达巴勒斯坦抵抗组织人员手中，部分援助直接到了阿拉法特的法塔赫运动人员手中，而有些则到了巴解组织人员手中。1969 年 2 月，在巴勒斯坦民族议会第五次会议上，巴解组织已经处在法塔赫的绝对主导之下（标志是阿拉法特被选为巴解组织主席），法塔赫的地位因而得到进一步加强。1969 年早期，巴解组织破产，沙特的支援使得这一组织在法塔赫的指导下，建设了巴勒斯坦民族领导机构得以真正发展的基础设施（Al - Angari，2002：304 - 314）。那些支持在整个阿拉伯世界推动革命性变革的巴勒斯坦运动组织，比如，解放巴勒斯坦人民阵线（PFLP）、解放巴勒斯坦人民民主阵线（PDFLP）等，都逐渐失去了影响力，不得不在巴解组织的边缘活动。到 1973 年，法塔赫力图在统一的民主斗争中，将巴勒斯坦社会各阶层统一起来，同时又与那些准备帮助巴勒斯坦的阿拉伯政府寻求合作。巴勒斯坦的其他派系已经无法阻止这一战略的实施了。

海湾安全的支柱以及对区域激进主义的控制

1967～1973 年，沙特与中东地区世俗激进主义之间的斗争仍相当激烈。尽管埃及政府的立场已经改变，但激进运动仍对舆论有相当大的影响。实际上，激进主义势力有了新的支持力量。军事政变集团在伊拉克（1968年7月）、苏丹（1969年5月）和利比亚（1969年9月）夺取了政权。一般认为，这些激进主义组织要比之前的还要激进。1967年11月，英国从亚丁撤军后，南部也门的政权掌握在了民族解放阵线手中，这一组织奠定了也门民主人民共和国的制度和政策基础。1968年，阿曼的佐法尔解放阵线改名为解放被占领的阿拉伯海湾人民阵线，其对地区事务表现出极大的关注。巴勒斯坦的各种组织也应运而生，有些组织呼吁民众反抗这一地区的传统政权，以此作为巴勒斯坦解放的必要先决条件。尽管埃及从北也门撤军，但共和派依然掌权，而且在苏联、叙利亚和阿尔及利亚的支持之下，北也门一直在抵御保皇主义势力的叛乱。

1968年1月，英国宣布从海湾地区撤军，并于1971年11月完成撤军，沙特和区域激进主义势力进入了一个新的竞争期。美国越来越深地卷入海湾事务，推行"双雄"政策，不断提高对沙特和伊朗的军事援助，并依赖这两个国家来维护海湾地区的安全。在"双雄"政策中，沙特是美国在伊朗之外的重要补充，然而这种额外的军事援助对沙特政权本身的安全非常重要。

美国军事援助的增加、对沙特在海湾安全中重要地位的认可，沙特不断增加的财政资源、国内政治的稳定以及与埃及不断发展的关系，这些都使沙特政府有自信、有能力去控制区域激进主义势力。这种努力并不一定都能取得成功。1968年中期，沙特向南也门的反政府武装提供军事援助，但这些反政府武装不久就失败了。沙特援助的总体影响是加强了南也门政府中左派势力的地位和影响。1970年3月，由于需要对南也门进一步施加压力，费萨尔与北也门的共和派政权达成协议，一个由温和的保皇派势力和共和党组成的联合政府在北也门成立。新政府得到了沙特的经济援助，南北也门之间的边界冲突由此开始。然而南也门顶住了压力，进一步向左翼靠拢，1970 年将其国名改为也门民主人民共和国（Holden and Johns，1981：272－273）。

但沙特政府的某些控制政策还是很成功的。沙特和伊朗一起为曾是英国保护国的诸海湾小国创造了可持续发展的政治条件。停战诸国的统治者组成了邦联制结构的阿拉伯联合酋长国，虽说沙特对新政权的领土边界有异议（阿布扎比酋长国、阿曼和沙特对布赖米绿洲的领土纠纷，英国和沙特在 1953～1955 年为此地发生了冲突）。伊朗要求控制巴林岛的问题也被平息了（Halliday，1980：218）。伊拉克和叙利亚支持的激进民族主义团体并没有在英国撤出该地区后乘虚而入。

1973年战争与石油禁运

从 1973 年十月战争爆发到 1979 年 2 月伊朗国王被推翻这段时间里，沙特在和区域世俗激进主义势力的较量中表现得更为抢眼。石油价格上涨和产量提高（十月战争的影响）给沙特带来了巨额收益，现在沙特政府可以追求比以前更为宏大的目标了。沙特自认为是阿拉伯世界的政治中心之一（也许没有之一），因而想努力建立一个稳定的阿拉伯世界的秩序。为了建立这种秩序，沙特政府要协调阿拉伯国家间的关系，要保证它们追求共同的目标，避免出现不协调的现象。沙特将和其他国家一起集体控制影响地区稳定的势力（Gros，1976：143－152）。从 20 世纪 70 年代中期起，沙特开始在更广阔的国际舞台上提高影响力，来控制极端世俗主义势力。

　　这一时期的多数时间里，沙特与埃及的关系对其地区政策至关重要。沙埃关系的关键是它们都认为美国有能力解决这一地区所面临的最棘手的一些问题。两国共同采取协同战略，让美国利用其对以色列的影响力来协调巴以冲突中的定居点问题。十月战争以及由此而来的石油抵制就是要达到这种效果的一种手段。1974 年和1975 年，在美国国务卿亨利·基辛格协调下达成的《埃及－以色列脱离接触协定》就是实施这一战略的产物。沙特政府积极参与了有关其周边事务的讨论（Al－Angari，2002：350－351）。埃及政府 1976 年宣布放弃与苏联的盟约，进一步表明其对美国的信任，这些都促使沙特和埃及走向亲密的盟友关系。沙特和埃及还寻求在军事物资生产上展开合作。

　　当 1977 年 11 月 9 日萨达特在埃及国民议会上宣布他将出访耶路撒冷时，沙特仍对此为之感到震惊。虽说沙特的高级官员（特别是沙特知识界的领袖贾马尔·阿扎姆）一直动员埃及政府在协调与以色列的关系时保持较大的灵活性，但沙特政府还是对萨达特宣布的这个举动提出了措辞严厉的批评。萨达特的动机是不想走"阿拉伯统一的路线"，不与阿盟的解决方案保持一致（Al－Angari，2002：389－390）。沙特有理由对此感到不满，因为萨达特的声明及随后的出访是与沙特长期以来追求的政策路线不相容的。萨达特的行为在许多阿拉伯国家引发的强烈不满会对沙特一直致力推动的稳定、合作的阿拉伯秩序产生威胁。加之，就在萨达特发表声明的前夕，一些事件的发展方向进一步增加了沙特政府所面临困境的复杂性。沙特政府与埃及政府都担心，计划于 1977 年 12

月重新召开的日内瓦会议上，苏联会介入阿以和平进程。两国都认为大国的介入应只限于美国，因而，沙特对萨达特所关注问题的理解要比大多数阿拉伯国家深入得多。沙特要尽力保持阿拉伯世界内部的合作，因而一直在协调萨达特与其他态度强硬的阿拉伯国家之间的关系。1978 年 11 月，《戴维营协议》签署后，沙特提出了一个方案：如果埃及违背协议内容的话，将会获得大量经济上的援助（Holden and Johns 1981：491 – 495）。但这一方案未能通过。

沙特与叙利亚的关系也非常重要。沙特在劝说叙利亚接受 1974 年同以色列结束战争状态的协议中扮演了关键角色。但从长期来看，更为重要的是，沙特对 1975 年爆发的黎巴嫩内战一直发挥着影响力。为了沙特所追求的地区秩序，黎巴嫩内战不能演变成国家之间的敌对冲突，以免破坏整个地区的稳定。沙特政府的战略是要创建一个框架，在这个框架内，阿盟国家能够集体对叙利亚军事介入黎巴嫩产生影响，而单个的阿拉伯国家没有机会削弱叙利亚在黎巴嫩的地位 （Cobban，1985：143 – 145）。黎巴嫩内战虽未结束，但其成为地区不稳定源头的可能性大大降低。

在海湾地区，伊拉克在 20 世纪 70 年代后半期对其海湾邻国采取了更为宽容的态度，这有利于沙特政府建立一个更加稳定的地区秩序。1975 年 3 月签订的《阿尔及尔协议》，解决了伊拉克和伊朗在阿拉伯河问题上的分歧，此后不久，沙特向伊拉克政府提出希望建立更密切关系的请求 （Holden and Johns，1981：424）。1975 ~ 1979 年，伊拉克被拉入沙特政府正在推动的海湾阿拉伯国家合作关系网中，成为正在建立的一些新的区域性实体和机构的参与者（比如阿拉伯联合航运公司和海湾国际银行），参加区域性部长级会议，并从沙特和科威特的部分投资中受益。尽管在如何维持海湾安全方面双方仍存在分歧，伊拉克打算建立一种不受西方干扰的海湾地区安全秩序，但双方还是维持了广泛的合作关系（Niblock，1982：146－147）。

沙特政府试图将也门拉入一个新的稳定的地区秩序的尝试则不那么成功。也门民主人民共和国继续维持其激进的政策并与苏联保持紧密的关系，沙特政府把也门政府的这些做法视作威胁。北也门政府的不稳定意味着一定时期内取得的（沙特政府所认为的）成果很可能在以后的阶段会付诸东流。

国内政治发展的结果

1962～1979年，沙特的政治权力更趋稳定，冲突在减少。尽管前国王沙特已经在王室家族中缺乏足够的支持来挑战费萨尔对政府的有效控制，但1964年11月他还是被废黜了，从而消除了沙特国内政治反对派可以集结的象征。1966年12月至1967年6月，流亡开罗的前国王沙特试图最后一次夺回他的王位。在纳赛尔总统的支持和鼓励下，前国王沙特提出，乌里玛废黜他的做法是非法的。他声称，美国中央情报局在废黜他的问题上起了一定的作用，并指责沙特有外国驻军。他寻求并获得了也门阿卜杜拉·萨拉勒共和政权的支持，并试图向沙特的部落领袖提供补贴，认为这些领袖可能会支持他的事业。然而，沙特国内反应冷淡。1967年6月，第三次中东战争后，纳赛尔不再支持前国王沙特，其在政治上日渐孤立，而且健康状况每况愈下。1969年2月前国王沙特去世，他的一些儿子虽心怀不满，但他们在王室内外的影响力甚微。

20世纪60年代中期，所有自由派王公都返回沙特。这一群体的领导人塔拉勒于1964年2月返回沙特，承认了自己的错误。除塔拉勒外，大部分前自由派王公都在政府或市政机构中谋得了职位，并成为费萨尔统治集团的一员。1965年，阿卜杜勒·穆赫欣被任命为麦地那省省长，1968年，纳瓦夫担任费萨尔海湾事务特别顾问，巴德尔成为国家警卫队的副指挥官。1971年，法瓦兹被任命为麦加省省长。费萨尔死后，塔拉勒也担任了一些（非政府机构的）行政职务。

除前国王沙特外，20世纪60年代，沙特国内激进反对派的势力仍很强大。尽管费萨尔的政策旨在消除在20世纪50年代后期为反对派势力的扩展提供了肥沃土壤的社会冲突，然而国家的社会经济问题解决起来并不容易，速度也不会那么快。由纳西尔·赛义德领导的阿拉伯半岛人民联盟（UPAP）也许是当时最具影响力的反对派。由于选择了一条阿拉伯民族主义的路线，加之20世纪60年代中期从埃及政府那里获得的支持，东部地区的什叶派穆斯林对阿拉伯半岛人民联盟的支持最有力。随着阿拉伯人1967年在第三次中东战争中的失败，埃及不再为阿拉伯半岛人民联盟提供财政支持和广播设施。然而，阿拉伯半岛人民联盟和一些势力较小的复兴主义者和共产主义组织还是乘1968年至1970年沙特政府的经济困难之机扩大了自身的影响。石油收入的停滞不前，每年向埃及和约旦提供的1.4亿美元补助金，以及由于地区不稳定而带来的国防开支的增加，迫使政府不得不削减经济发展计划并减少社会福利。1969年6月，150名被怀疑企图推翻政府的嫌疑人被捕，被捕的人员大多数是空军、陆军或警察，他们的阴谋可能只是想成立一个主要由沙特皇家空军成员组成的秘密组织。然而，这一事件表明，国内的不满情绪一直都有——甚至存在于政府所倚重的安全和保卫机构中。

激进的世俗主义反对派势力在20世纪70年代衰落了。现在政府可支配的庞大资源以及可持续发展计划的推行，使潜在的不满情绪得以平息。加之，政府安全组织职能的提高（现在它们能调配的资源也比过去更加丰富了）使有组织的反对派势力难以维系。成立于20世纪60年代中期的国家安全局（General Security Service）一直在遏制国内的不满情绪；国民卫队成员从传统上忠于沙特的部落中招募而来，作为对军队的制衡其作用得到了扩充和加强，他们把忠诚的王室成员安排到每个部门的关键岗位上，因而，安全部队的忠诚度得以保证。沙特国内反对派势力的外部支持力量也衰落了：1967年6月第三次中东战争结束后，纳赛尔主义停止了扩张；自20世纪70年代初开始，扩张似乎已不再是一种可行的模式；20世纪70年代哈菲兹·阿萨德"纠正"运动后，叙利亚复兴党对海湾地区的君主制政权采取了更为宽容的态度；1975年3月伊拉克和伊朗达成协议后，它们联合抵制复兴党，促使其（暂时）放弃了颠覆沙特君主政体的企图，开始寻求合作关系。1973年阿以战争和沙特石油联合抵制行动之后，费萨尔还赢得了一些阿拉伯民族主义者的支持。由石油大臣艾哈迈德·扎基·亚马尼精心策划的石油联合抵制行动证明石油是一种效的武器。追求泛阿拉伯的目标，准备为更宏大的阿拉伯事业做出牺牲，这些已不再与反沙特的政治运动紧密相关。

结　论

到 20 世纪 70 年代末，沙特国家已经发生了转变。一个强大的中央集权制国家得以在沙特建立，其基础是有效的行政管理体系。政府领导层现在正为国家的合法性创造一种幸福的基础，其利益直接由国家分配给民众，而不是通过中介。与政府合作的各种圈子依然是政治领导层的盟友，但不再是政治支持的关键性来源。政府和民众之间不再需要中间机构。

不仅仅是国内环境发生了变化，沙特与外部世界的关系同样发生了变化。经济社会都有了全面的发展：大规模的工业和农业计划已经开始实施，人均资本收入上升了 40 倍（相对于 1962 年），（通过健康教育服务及补贴）民众所享受的社会福利水平大大超过了以往。内部政治环境渐趋稳定，激进的世俗主义反对派势力的影响已经减弱。在外部，沙特政府成功抵御了过去反对它的区域激进派势力，在国际和地区的影响力也大大提升。

第三章 重新调整政策：1979年至今

新的问题和新的冲突领域

1962～1979年沙特的经济和社会变革为其后来的发展创造了良好的条件。经济和社会的发展继续沿着同历史上类似的道路前行。历史上和现有发展中所付出的代价开始对民众的生活产生更加深远的影响。

然而，现在沙特发展中正在出现一些新的问题。沙特社会和经济中正在出现的一些问题受到沙特部分人士的批评，正在出现的文化与宗教分裂问题很快就体现在政治对立上。简言之，国内环境开始发生转变，需要重新思考政府的政策。与此同时，区域环境和大的国际环境也正发生重大变化，这同样给政府带来了重新考虑其战略的压力。此时，沙特为适应国内和国际环境变化而采取的政策自然源于国家的历史传统及其合法性基础，但这些政策是有问题的。从历史的角度来看，这些政策可以看作沙特为缓解20世纪90年代危机所做的应对措施。实际上，20 世纪 90 年代，特别是 2001 年 "9·11" 事件后沙特所面临的危机可以在 20 世纪 80 年代早期的政策决策中找到根源。

国内环境的改变反映在反对派批评政府政策的关键内容中，这一点在 1979 年 11 月麦加大清真寺遭遇暴力袭击中表现得尤为明显。这一年，朱海曼·欧泰比伙同极端伊斯兰分子攻占了麦加的大清真寺。此后，对沙特政府构成极大威胁的不是此前占据主导的阿拉伯社会主义者和民族主义者，而是极端伊斯兰主义势力。政治、经济和社会因素与伊斯兰主义对政府的威胁交织在一起。需要指出的是，有些被看作最不利于国家发展的势力却来自为创建沙特政权提供了军事支持的社会力量。简言之，沙特政府受到了瓦哈比派激进分子的威胁。瓦哈比派激进分子的支持者来自内志省的核心地带，其父辈和祖父辈的人是伊赫万组织中的骨干，他们曾在沙特第三王国创建时为阿卜杜勒·阿齐兹作战。但情况在 20 世纪 20 年代后期发生了变化，一部分伊赫万的成员不满阿卜杜勒·阿齐兹的执政政策，因为阿卜杜勒·阿齐兹试图将瓦哈比派的扩张限制在沙特的国土范围之内。

在激进的瓦哈比派分子看来，伊斯兰主义者批评的重点在于社会行为和政治合法性。朱海曼的行动可以说是一种极为少见的愤怒的爆发，但到 20 世纪 90 年代，这种批评已经演进成一种复杂（但又是原教旨主义）的话语体系。这种失落感进一步强化了其战斗性，激进的瓦哈比派分子一方面利用了正在进行的社会变革，另一方面利用宗教上的支持来表达自己对现政权政治合法性的不满。那些身处这个体系上层的人被看作背离了瓦哈比主义的原则，而现在沙特正深受异域价值观的影响，大量外国力量的存在加速了这些异域价值观的传播。沙特大量引入的西方技术和专业素养、日渐增加的亚洲移民劳动力以及统治精英的腐败被视为破坏沙特文化内聚力的主要原因。

　　区域环境的改变也挑战着沙特伊斯兰政权的合法性。1979年2月，伊朗巴列维王朝被推翻，伊斯兰共和国建立，这一事件对沙特的影响是直接而深远的。强调世俗价值观并且在美国的庇护下同沙特实现战略合作的伊朗政权被一个挑战沙特在伊斯兰世界领导权的伊斯兰政权所取代。伊朗伊斯兰革命政权在政府声明中对沙特的态度表述相对温和，而在媒体和清真寺的布道中却表达得相当激进，就是毫不妥协、原则鲜明。毫无疑问，伊斯兰世界的许多穆斯林都持有这种观点：沙特王国因为与美国的关系而被描述成是落伍的、腐败的、软弱的，（出于各种原因）沙特已经不再适合担当全球伊斯兰世界的领导。伊朗正在推进伊斯兰世界内部的变革，试图建立一些以伊斯兰激进主义原则为基础的政权。

　　沙特也面临许多经济问题。石油价格的不断上涨起初推动了财政收入的激增，促进了发展投资和防务开支的大幅上升。伊朗革命导致原油价格从1978年的每桶14.3美元上涨到1980年的每桶37.9美元。1981年两伊战争的爆发使原油价格持续走高，但此后价格开始回落。起初原油价格的下跌是缓慢的，1982~1985年石油平均价格在每桶25~30美元，但从1986年开始，原油价格急速下跌，回落到了1979年前平均每桶14.4美元的水平上。在随后的十年间，平均价格仍在每桶20美元以下，1998年甚至跌到每桶12.7美元。原油价格只在2000年稍许回升，2000~2003年，原油平均价格一直在每桶 25 ~ 30 美元浮动（KSA - MP，2005）。2004 年下半年，原油价格急剧上升，当年 9 月达到每桶 55 美元，2005 年 6 月，原油价格一度达到每桶 60 美元。

原油价格的变化对沙特石油收入的影响颇深，因为沙特是国际石油市场的生产调节者（swing producer）。因此石油价格高时其产量已经接近其生产能力的极限（以此来降低价格），而当石油价格低时，其大幅压缩产量（以此来提高价格）。沙特石油收入从 1978 年的 380 亿美元上升到 1980 年的 1160 亿美元，1981 年上升到 1180 亿美元后的五年里，其石油收入急剧锐减，1986 年降到最低的 145 亿美元，这是沙特 1972 年以来石油收入的最低值。在接下来的 14 里，石油收入在 160 亿 ~ 550 亿美元浮动，每年的变化幅度都比较大。直到 2000 年沙特的石油收入才达到一个稳定的峰值：此后沙特石油收入一直在 550 亿美元以上（KSA - MP，2005），甚至直到 2004 年，沙特的石油收入都没有恢复到 1981 年的最高水平。

石油收入是这一时期沙特政府收入的主要组成部分，大致占其总收入的 60% ~ 90%，所以原油价格的变化深刻影响着沙特经济的发展和稳定。20 世纪 80 年代初沙特制定的十年计划在随后的执行中，只是执行了其计划中可利用的一小部分收入。1984 ~ 1999 年，每年我们都能看到沙特预算中的赤字现象。沙特解决这一问题的方式是多样的：向国际金融机构借款、出售海外资产（这必然会减少沙特为后石油时代准备的资金储备）、削减一些领域的财政支出。实际上，政府为了保障那些对政权稳定、国家安全至关重要的部门和那些不能违反的合同协议的财政支出而削减其他部门的支出的做法，是不利于经济和社会的持续发展的。

　　为应对这些挑战，我们需要确认沙特政府重塑战略的三个方面。第一，沙特开始加强对伊斯兰主义和瓦哈比主义要素的重视。这主要是通过如下的手段来完成的：加强宗教领袖的作用、加强教育中的宗教要素、加强国家与伊斯兰教在象征意义上的联系、抑制非伊斯兰化的公共行为，以及加强沙特在国际舞台上的伊斯兰色彩。第二，沙特进一步加强与美国的战略伙伴关系。沙特此举的意图既是为了在面对国内威胁时能维护政权的稳定，也是为了在面对外部威胁时能保障国家的安全。这一政策需要购入大量的武器，需要美国和沙特在地区和国际事务中紧密合作，有时甚至需要采取联合行动。第三，国家需要在维护政权稳定的领域增加社会开支：提高给社会边缘人口的补贴，提高公共部门的工资，扩大教育供给（特别是宗教学校和大学）以吸引更多的学生。

　　这三种相互影响的战略体现了政府对各阶层人口的关注。实际上，这种关注是自石油出口以来沙特政治统治的典型特征。政府通过扩大公共机构的权力来管理人口，在美国支持下通过更广泛的安全协议来应对国内和国际威胁，以福利政策来惠及更多的社会群体，但这些政策的成效并不明显。对沙特政府来说，没有提供任何新的途径来使政府与民众互动或使人们参与到塑造其物质和社会环境的机构中来。民众可以享受到政府慷慨帮助的好处，但他们却无法在决定自己群体发展的问题上发挥任何作用。

　　这一政策的三个方面又存在着一些内在的矛盾。瓦哈比派禁止宗教和政治方面表现突出的多元主义，而其受到的额外保护使得瓦哈比主义中少了些妥协，多了些原教旨主义的要素。这种环境进一步推动了朱海曼极端主义的发展。再者说，宗教大学的扩展在以宗教为基础的批评和人们对社会经济的不满之间建立了联系。宗教大学一项非常重要的课程是研究伊斯兰教。虽说社会给一些宗教大学的毕业生提供了工作机会，但许多人还是难以找到合适的职位。对中央政府部门和私人领域的大多数工作岗位来说，宗教大学的毕业生同主流大学的学生相比并不具有优势。

伊斯兰瓦哈比教派固有的朴素价值观及平等观与新兴的经济秩序背后的社会环境是格格不入的。社会中的不平等甚至会因腐败而进一步加剧。强调群体情感的资本主义占据私营部门的主导地位，同时沙特家族的成员在控制大多数商业活动的基础上，又进一步提高了其已获得的优越社会地位。体制中存在着不平等，人们怀疑腐败的主因是超级富翁及王室成员参与私营经济重要部门，这些导致社会上出现了这样的看法：不平等是不合理的，对社会是有危害的。与此同时，因为大批外籍劳工的进入，社会也在发生变化。这些外籍劳工大都秉持着与沙特人截然不同的社会价值观。因此，对回归到更为简单和真实的伊斯兰价值观念的呼吁在不断发展的社会经济环境中颇有影响。20世纪90年代，沙特民众长期积累的政治不满进一步加剧。

沙特与美国之间紧密的安全关系带来了更多的问题。对伊斯兰主义者来说，也许苏联的存在是美沙关系发展的价值之所在。沙特和美国的关系被描述成一起同共产主义的无神论进行斗争的伙伴关系。美国与沙特在阿富汗支持伊斯兰势力反对苏联支持的政权被看成两国联合行动的最高阶段，也是最具说服力的协同行动的标志。但20世纪80年代后期随着苏联在阿富汗撤军，以及随后苏联的解体，美沙关系不再具有原先的价值。1990年以后，美国关注的重点开始转向伊斯兰世界，其所采取的军事行动和经济报复多数是针对伊斯兰国家的。美国未能有效控制巴勒斯坦被占领地带以色列定居点的建设，这进一步加深了美国同伊斯兰世界的对立。对瓦哈比派中更激进的势力来说，美国和沙特之间的同盟关系日渐变成了沙特屈从反伊斯兰势力的例子。外部因素和国内的政策进一步扩大了沙特国内对伊斯兰极端势力支持的基础。

2001年"9·11"事件发生后，西方的评论家和政府对沙特政治领导人过去20多年所执行的政策提出了严厉的批评。他们在批评中特别指出，沙特政府未能控制宗教极端势力（将此同这些观念联系了起来，即原教旨的思想通过教育而得以进一步发展），缺乏民主，也未能为日渐增加的人口创造所需的就业机会。然而，沙特政府推行这些政策的时候，很少有人批评。相反，20世纪80年代和90年代美国支持沙特的经济战略，以大规模武器采购为基础的美沙安全关系对美国的国际战略至关重要。20世纪80年代，削弱苏联对美国来说至关重要。美国认为海湾地区正处在苏联军事力量的包围之中，这种认识使美国（以及某种程度上其西方盟友）支持有助于降低短期不稳定的解决方案。美国认为对沙特人权和民主化的关注可能会带来不稳定，美国顾问在沙特发展规划中发挥了关键的咨询作用，美国经济从与沙特的特权关系中受益颇丰，通过利润丰厚的合同和沙特投资者在美国所做的巨额投资获得了收益。缺乏民主在保障沙特王国的稳定以及海湾和印度洋地区的安全上也许有缺憾，但又很有必要。美国对沙特王国内部推行的社会价值观的批评也减弱了，美国认为这些价值观是沙特社会固有的，有助于抑制激进的世俗主义（Simons，1998：220 - 221）。因此，沙特对外合作圈中的关键因素不是鼓励自由化，而是支持政府所倡导的政治环境。

经济发展与部族资本主义问题

第四章将介绍过去 25 年沙特经济发展的成果及出现的问题，本节旨在介绍对理解沙特正在进行的政治进程来说重要的三个方面。

依托动态资源的发展

如前所述，从 20 世纪 80 年代中期至 20 世纪 90 年代末期，沙特的石油收入大大低于 20 世纪 70 年代末和 20 世纪 80 年代初的预期。然而，政府的开支在 1978 年至 1981 年翻了一番，在随后的三年中仍然保持较高的水平，但 1985 年又回落到 1978 年的水平。在 20 世纪剩下的时间中，除了 1990～1992 年之外，政府开支都保持着一个较低的水准。政府开支再次处于较高的水准就得等到伊拉克战争的时候了。其中，国防和安全支出一般占年度预算总额的 25%～40%。而政府开支再次达到 1981 年的高峰时期水准已经是 2005 年的事情了（KSA - MP，2005）。尽管非石油领域在经济上的贡献不断增加，但是国内生产总值仍然呈现低迷的趋势。由于人口的增长，这一变化对人均收入的影响更加显著。1981 年沙特的人均国内生产总值是 28000 美元（大致相当于美国），而 2000 年的人均国内生产总值不到 7000 美元（US－E，2004），2000 年美国的人均收入已经达到 35027 美元。

尽管如此，发展性支出的影响仍然凸显出来。1978～2005 年，非石油经济部门在国内生产总值中的贡献比重稳步上升，其中农业的发展尤为突出，这主要是 1979 年后公共土地重新分配加快的结果。1979～1989 年，工厂数量增加了一倍多；1989～2001 年，又增加了一倍多。政府向沙特公民支付的社会保障金增加了三倍。很明显，国家对较不富裕人口的支出有所增加。1979～2001 年，沙特医院的床位也增加了三倍。高等教育的发展也是惊人的，大学毕业生的数量增加了 10 倍：从 1979 年的约 5000 人增加到 2001 年的近 50000 人。2001 年，全国共有大约 40 万名学生接受了高等教育和技术教育。学校数量的增长也引人关注，学校的毕业生人数在这一时期增加了大约三倍，2001 年几乎有 50 万名学生完成了学业（KSA－MP，2005）。沙特政府的教育统计数据显示，就业需求正在不断增加（关于这一点将在第四章进行深入讨论）。

一些学者认为，由于 20 世纪 80 年后期到 90 年代中期石油收入的减少，到 90 年代中期，沙特已不再是一个石油食利国家。尽管沙特国家收入的结构发生了深刻的变化，但石油收入在国家财政中依然扮演着非常重要的角色，石油收入占到其出口额的 90%～95%、财政预算的 75% 和国内生产总值的 35%～40%（KSA－MP，2005），因此沙特仍具有食利国家的特征。最重要的是，政府有足够的能力去运用这种资源来获取政治支持。无论如何，沙特摆脱石油依赖的条件还不够成熟。从 2004 年夏天开始，油价迅速上涨，2005 年 6 月达到史无前例的每桶 60 美元，这给沙特带来了丰厚的收入。种种迹象表明，尽管石油价格可能有时会有波动，但整体上仍会处于高位。

外籍劳工

尽管从 1985 年开始，所有发展计划都试图减少沙特对外籍劳工的依赖，但非沙特籍工人的数量在整个 20 世纪 80 年代仍然稳步上升，并在 90 年代初达到第一个高峰后在 90 年代末再次上升。沙特政府发布的《第七个发展计划》估计，1999 年非沙特籍劳工的人数已经超过 400 万。这一数字比中央统计局提供的数字高出约 100 万，出现这一差异的原因是统计方法上的差别，沙特中央统计局统计的数字中只包括合法雇用的劳工。沙特目前非沙特籍人口的总数（无论工作与否）处于总体增长态势。根据世界移民组织（WMO）的统计，这个数字从 1980 年的 1804000 人增加到 1990 年的 4220000 人，2000 年达到 5255000 人（WMO，2005：table 23.10）。2004 年 11 月，沙特中央统计局估计，国内非沙特人的数量为 6144236 人（SA‒IR，2005a）。显然，尽管沙特本土劳工在稳步增长，但非沙特籍的劳工仍多于沙特本土的劳工数量。中央统计局 2002 年对沙特劳工人数的统计显示，沙特本土的劳工人数约为 314000 人（KSA‒CDS，2005）。因而，迄今为止，沙特政府在教育方面的巨额支出仍没有减少本国对外籍劳工的需求。

20 世纪 90 年代，外籍劳工的民族构成发生了变化。随着职业和技术工作的沙特化，在沙特从事经济工作和行政工作的西方人的比重在逐渐降低（1990~2003 年，由于美国驻军规模的扩大，西方人的数量增加了），来自阿拉伯国家的非技术型劳动力的比例也降低了，特别是1991年沙特政府因为也门政府反对对伊拉克采取军事行动，从而把约75万名也门人驱逐出境后，情况更是如此。而亚洲劳工所占比例比之前上升了：在这一群体中，来自亚洲非伊斯兰世界的人数正在增长，这对于那些认为自己的文化和宗教受到威胁的沙特人来说有比较显著的影响。

部族资本主义现象

1979年后，沙特经济精英的特征发生了一定的变化。以前私营部门主要由以吉达地区为首的大商业家族控制，而现在沙特家族成员的作用日益突出。商业的重心开始从吉达转移到利雅得。这一变化可以通过两本书来了解，一本是在这个时期出版的，另一本是最近出版的。麦克尔·菲尔德（Michael Field）的《商人们：阿拉伯的大商业家族》（*The Merchants：The Big Business Families of Arabia*）一书涵盖了20世纪80年代构成沙特私营部门核心的大家族：阿里礼萨（Alirezas）家族、本·拉登（bin Ladins）家族、本·马赫福兹（bin Mahfouz）家族、朱法利斯（Juffalis）家族、奥拉扬（Olayans）家族等。这些家族中相当一部分有也门血统（来自哈德拉莫特），在很长一段时间内，它们在吉达建立起了自己的商业圈。谢拉夫·萨布里（Sharaf Sabri）的《商场上的沙特家族》（*The House of Saud in Commerce*）一书讲述了私营经济部门中的"关键要素"，即王室家族成员。他的书揭示了沙特王室家族成员在私营经济中所扮演的重要角色。这部分沙特王室家族成员主要指的是阿卜杜勒·阿齐兹国王的后裔，但也包括其旁支的部分成员。商人家族并未完全从经济活动中消失，只是其作用大不如从前，并且一般与沙特王室家族成员拥有紧密的合作关系。

　　沙特王室家族成员能够确立这种经济地位主要来源于他们在20 世纪 60 年代所获得的赐地。费萨尔国王在主要城市及其周边地区将大片土地赏赐给了这些家族成员，以确保他们有独立的经济基础，不依赖国家财政。当时价值有限的土地随着经济发展、城市规模的扩大而急剧升值。自 20 世纪 70 年代末，沙特王室家族的成员发现他们手握大笔可供投资的资源。

　　沙特随后进行的一些投资是在经济发展的合理范围内进行的，这也体现了投资者个人的商业智慧。最成功的投资者通过海外业务积累了巨额财富。2001 年被《福布斯》杂志评为世界第六大富豪的阿尔瓦利德·本·塔拉勒王子（Prince Alwaleed bin Talal），凭借其在美国银行业的投资——购买陷入困境的银行业务，并促使其转化为有利润的、有价值的资产，从而确立了自己的财富地位。1988 年他收购花旗银行的主要股份，四年后，其所持股份的价值是当时的 20 倍，并成为美国最大银行的主要股东。这样做的不止阿尔瓦利德·本·塔拉勒王子一个人。到 2004 年，沙特私人对外投资的价值已达约 6500 亿美元，其中很大一部分投资于西方国家的证券市场，目的是规避在沙特或更广大地区可以预见的投资风险。大量的沙特投资者（其中包括王室成员）积极参与了世界许多地区的商业运作，一些投资者将他们的投资收益和一些相关的技术和商业技能带回沙特，沙特经济因此受益。

　　然而，王室成员在沙特国内的一些投资收益不能仅仅归因于他们的技巧和智慧。显然，沙特王室家族的一些投资者有可能利用他们的家族关系来获取利益——无论是获得银行贷款的特权、签订合同的优先权，还是（在最坏的情况下）通过政治操纵来打压对手。无论如何，人们一般认为，在较早成立的商业机构中，私营部门不是在公平竞争的基础上运作的。许多人认为，不与王室成员建立联系，商业难以运作，甚至不可能成功。

应对新的伊斯兰挑战：20世纪80年代

朱海曼·欧泰比与1979年攻占大清真寺

1979 年 11 月 20 日，一小群极端分子占领了麦加大清真寺，这对沙特造成的物质威胁微不足道。控制清真寺的 200 ~ 300 名伊斯兰叛乱分子很快被沙特军队包围，叛乱分子的行动几乎未得到民众的支持。然而，这件事情的象征意义却很大，其重要性在于：沙特人的宗教基础受到了挑战，背叛了沙特王国得以发展的基础——瓦哈卜思想。此外，沙特政府无法确保伊斯兰教圣地的安全，这似乎表明作为权力中心的沙特被弱化了。攻占清真寺的影响不断扩大，11 月 20 日是穆斯林新年，因此在伊斯兰教历中的 15 世纪（回教纪元 1400 年）的第一天，来自伊斯兰世界的大批朝圣者在麦加进行祈祷。大清真寺的伊玛目同在场的 10 万人诵经，在做完晨祷后不久就被扣押，大清真寺被攻占。

朱海曼和他的支持者所表达的思想并不成熟，神学教义并不复杂。然而，朱海曼的血统以及他的理念形成的背景，可以合理诠释他的行为。朱海曼出生在卡西姆（Qasim）的萨吉尔（Sajir），其祖辈们受到瓦哈卜思想的影响并在 20 世纪初为阿卜杜勒·阿齐兹而战。由于他属于曾是沙特国王主要支柱——内志（Najd）的一个重要部落，而且来自作为沙特意识形态支柱的宗教传统阵营，所以他绝不是一个边缘人物（Buchan，1981：120-123）。

此外，朱海曼及其同伴的活动和信仰受到伊斯兰教育机构的吹捧，这些教育机构得到了沙特政府和瓦哈比派乌里玛的支持。包括朱海曼在内的一些人参加了由许多在全国久负盛名的宗教领袖主讲的麦地那大学法学院的讲座，这所大学的校长是谢赫阿卜杜勒·阿齐兹·本·巴兹（Shaikh ' Abd al - ' Aziz bin Baz），后来他成为沙特的大穆夫提。有一段时间，朱海曼似乎受到了本·巴兹学说的影响（Buchan，1981：122）。当时影响该团体的其他一些教师是埃及穆斯林兄弟会的成员，20世纪60年代，他们受邀来到沙特避难，费萨尔以此作为抵制纳赛尔主义在沙特王国及更多地区产生影响的一种手段（Kepel，2004：173-174）。这些人当中有著名的作家穆罕默德·库特布（Muhammad Qutb），他是伊斯兰激进主义领袖赛义德·库特布（Sayyid Qutb）的兄弟。1966年，赛义德·库特布在纳赛尔统治埃及时期被绞死。麦地那大学是沙特国内学习瓦哈卜思想的重要机构，得到了沙特政府的资助和支持。

1974年，朱海曼转而反对本·巴兹，认为他通过与腐败的国家领导层合作已经大大调和了自己的思想。在卡西姆待了一段时间后，朱海曼和他的同伴于1976年在利雅得建立了自己的组织，其活动得到了一些富有的支持者的财政帮助，而这一现象的出现是沙特伊斯兰激进主义长期发展的结果。他们的布道内容引起了内政部的注意，1978年，朱海曼和他的98名同伴被捕，在监狱里关押了6周并接受问询。本·巴兹从麦地那赶来，要对他们的布道进行评判，但他并没有找到宣布其违背伊斯兰教义的理由。该组织的成员随后被释放（Holden and Johns，1981：511－526）。

接管清真寺后，朱海曼宣称他的一个同伴穆罕默德·伊本·阿卜杜拉·卡赫塔尼（Muhammad ibn'Abdallah al－Qahtani）是马赫迪（mahdi，真主派来指导穆斯林社会的使者）。卡赫塔尼宣称："马赫迪和他的手下将在圣寺寻求庇护和保护，因为他们到处受到迫害，无处可去，只有圣寺可以躲避。"（Buchan，1981：122）如果认为卡赫塔尼就是人们期待的马赫迪，这很容易遭到乌里玛的反击，因为这个观念本身在伊斯兰教内部存在争议——通常被认为是非伊斯兰教的因素叠加在伊斯兰教中的。

然而，朱海曼所表达的思想更多是对国王沙特及其所建立的宗教机构的指责，他的政治观点在攻占大清真寺之前通过其写的小册子传播开来。在这些小册子中，他认为王室家族是腐败的、拜金的，把钱都花在建设宫殿而非清真寺上，只奖励那些支持他们的人，迫害那些反对他们的人。宗教机构也一分为二：一派是那些警告王室家族腐败的人；另一派（像本·巴兹一样）是受雇于国王沙特的人。国王沙特对本·巴兹不满是因为他认为宗教领导人与朱海曼及其同伴持有类似的观点，但国王沙特却利用自身与王室家族之间的关系影响本·巴兹的地位——事实上，本·巴兹利用自己的地位说服其他乌里玛不要指责国王沙特的腐败行为。朱海曼坚持认为，民众没有义务服从那些未能遵循《古兰经》和逊奈（sunnah）的统治者，即使他们可能声称是以伊斯兰教的名义进行统治。朱海曼表达的思想朴实无华，但重点在强调平等和严格的道德自律，这些信条是阿卜杜勒·瓦哈卜最先系统阐述的——他还解释说其中就有马赫迪（Holden and Johns，1981：513－522）。

政府驱逐叛乱分子的行动直到占领大清真寺事件发生大约两周后才完成，一部分原因是叛乱分子的坚守，另一部分原因是沙特军队在驱逐叛乱分子时不能破坏大清真寺的结构。朱海曼及其同伴采取的行动似乎在沙特民众中没有得到多少支持，特别是因为这是对该国最神圣的宗教场所的亵渎。然而，在随后的二十年中，它确实对政府政策的发展产生了极大影响。

伊朗伊斯兰革命的影响

伊朗的伊斯兰革命与麦加事件无关，但对沙特应对伊斯兰激进主义的举措是一种支持。这在两个方面对沙特构成了威胁：一是外部安全；另一个是将意识形态的合法性与国内稳定联系在一起，这里重点关注的是后者。伊朗巴列维王朝时君主制的世俗价值观与沙特宣布的宗教价值观形成了鲜明的对比，但并非对立，这一对比提升了沙特政权在宗教界的形象。但现在沙特在伊斯兰世界有一个强大而激进的对手，这对沙特君主制意识形态的合法性带来了直接威胁。这种威胁不仅体现在沙特政府所推行的政策上，而且还针对君主制本身，这种制度被描绘成与伊斯兰教价值观格格不入。伊朗伊斯兰革命的影响深入沙特国内，影响了沙特公民的价值观，这进一步加剧了沙特政府所面临的威胁。沙特东部省份的大批什叶派穆斯林长期遭受沙特瓦哈比派的压制，现在由于伊朗伊斯兰革命，海湾地区的什叶派重获信心。无论沙特什叶派是否准备为伊朗的目标服务，伊朗伊斯兰革命正在改变他们的身份认同和凝聚力。不管怎样，沙特政府同伊朗伊斯兰革命政权的对抗并未得到国内所有什叶派穆斯林的支持。伊朗对沙特的进一步影响是通过大量的伊朗朝圣者来到汉志的圣地来完成的，这些朝圣者在沙特和非沙特人中传播伊朗伊斯兰革命的信念。

沙特最初对伊斯兰革命的反应是谨慎但并非不友好。后来成为王储的阿卜杜拉王子在 1979 年 4 月 23 日声称，德黑兰的新政权已经"消除了合作道路上的所有障碍"，"我们的合作将具有伊斯兰的发展活力，可以克服穆斯林无法面对的任何障碍"。他称伊朗选择让伊斯兰教而非武器成为"合作的组织者和对话的基础，这让他松了一口气"（*Arab News*：29.4.79）。

然而，蜜月期并没有持续太久。伊朗伊斯兰革命政权的领导层很快就对沙特王室所宣称的伊斯兰合法性不屑一顾，对沙特和美国之间密切的军事关系极为不满，急欲要在更广大的伊斯兰世界推进伊斯兰激进主义，并有意加强自己同沙特什叶派中部分反对派势力之间的联系。沙特与伊朗在国内和国际层面意识形态上的斗争也渐渐显现。一方面，沙特政府正努力防止其国内政权的伊斯兰合法性受到侵蚀或破坏；另一方面，沙特和伊朗开始争夺伊斯兰世界的宗教及政治领导权。伊朗政府抓住时机推动伊斯兰激进主义的发展：在伊斯兰世界召开的会议和建立的组织中持激进立场，加强与世界不同地区什叶派穆斯林的联系；利用朝圣机会在朝圣者之间传播其革命思想，为伊朗的伊斯兰运动提供支援，资助其传播宗教思想，并通过广播和其他媒体宣传其计划。沙特是伊朗伊斯兰革命者批评的重要目标，德黑兰的广播电台谴责沙特王室的腐败、沙特君主政权的非伊斯兰特征、沙特政府对东部省份什叶派的压制、沙特与美国之间建立的联盟关系以及沙特为维护西方大国的利益在保持国际油价低位上发挥的作用。沙特政府以类似的意识形态宣传方式予以回应，来宣传自己与伊朗不同的伊斯兰思想。

在一年一度的开斋节朝圣期间，沙特王国内部的意识形态冲突通过物质的形式表现了出来。大约 15 万名伊朗朝圣者参加了 20 世纪 80 年代初的朝圣活动，伊朗因而成为 150 万名朝圣者中参加人数最多的一个国家。大量伊朗朝圣者利用这个机会传播他们的革命思想，沙特政府同伊朗朝圣者之间的对抗是 20 世纪 80 年代朝觐的基本特征。1979 年朝觐期间，伊朗宗教领袖鼓励伊朗朝圣者在麦加和麦地那的街头游行、分发小册子、挥舞霍梅尼的画像。沙特当局逮捕了一些示威者，伊朗进而指控其朝圣者在沙特受到了骚扰。这种现象在随后的几年中仍在持续，警察在与朝圣者的冲突中还会使用暴力。最激烈的冲突发生在 1987 年 7 月 31 日，当时伊朗朝圣者组织了一次大规模的示威活动，抨击美国和以色列的中东政策。示威活动被沙特政府强行驱散，大约 400 名朝圣者丧生，其中 2/3 是伊朗人（*Guardian*：2.8.87）。伊朗政府谴责沙特警方反应过激，允许伊朗民众示威来抗议沙特政府的压制行为。示威者洗劫了沙特驻伊朗大使馆，一名沙特外交官在这一事件中身亡。随后，沙特政府中断了与德黑兰的外交关系——这是沙特政府过去几年中一直想避免的结果（*Guardian*：22.8.87）。

如前所述，伊朗革命政权特别关注沙特的什叶派，为沙特什叶派反对派提供物质和意识形态方面的支持。伊朗批准以沙特什叶派为基础的伊斯兰革命组织（在下节叙述的事件后于沙特秘密成立）在德黑兰开设了一个新闻办公室，对沙特什叶派进行广播，并在那里协调其全球范围的活动（Al‐Rasheed，2002：

147）。不过这种支持产生的影响是难以评估的。对沙特什叶派来说，最关键的因素可能是以什叶派为基础的伊斯兰革命所产生的象征意义，一种新的精神已开始形成并发展。毫无疑问，德黑兰广播电台的煽动促进了什叶派身份认同的形成，但即使没有它们，这种身份认同仍然可能会出现。

东部省份的动乱

占领大清真寺事件发生后，沙特很快又发生了宗教－政治动乱：东部省什叶派分子的示威活动发展成了骚乱。在很长一段时间内，或许是因为历史上瓦哈比派的宗教领袖对什叶派宗教实践的敌意，沙特的什叶派一直保持沉默。自1913年沙特统治哈萨地区以来，东部地区的临时政府一直禁止什叶派的公共节庆活动，比如为纪念什叶派殉道者哈桑和侯赛因而设立的阿舒拉悼念仪式，还禁止建造新的什叶派清真寺（AI‐Rasheed，1998：122‐123）。东部省省长伊本·吉卢维（Ibn Jiluwi）为什叶派教徒提供了保护措施，以防止瓦哈比派强制让他们皈依，但这是以什叶派保持低调为代价的。从职业上来讲，许多什叶派穆斯林的地位在费萨尔国王统治时期有了较大提高，在公共部门的一些重要职位上任职。什叶派也是东部地区沙特阿美石油公司劳动力的主要来源。然而公众仍不大认可和接受什叶派。

1979年夏天，东部地区的什叶派领导人宣布要公开庆祝阿舒拉节，并举行各种游行。游行定于11月28日举行，当时11月20日攻占大清真寺的事件已经点燃了民众的情绪。游行反映了更为广泛的政治化：一些示威者举着标语牌，呼吁沙特政府在该国实现更公平的财富分配，结束对什叶派的歧视，支持伊朗的伊斯兰革命，停止向美国提供石油（Butter，1982：106）。在卡提夫（Qatif），示威游行遭到安全部队的大力压制，并在24小时内迅速发展成一场大规模的城市骚乱，什叶派压抑已久的愤怒得到了释放，17名什叶派穆斯林在这次事件中丧生。1980年2月1日，当沙特什叶派庆祝阿亚图拉·霍梅尼流亡返回伊朗一周年时，卡提夫发生了规模更大的暴力事件。这次示威者的要求之一是释放1979年11月事件后被捕的什叶派穆斯林。4名示威者在2月的冲突中丧生（Holden and Johns，1981：524 – 525）。

参加示威游行的领导人的社会背景引人关注，他们是11月事件后秘密成立的伊斯兰革命组织的核心，大多数是沙特阿美石油公司的工人和宰赫兰（Dhahran）矿业理工大学（University of Minerals and Technology）的大学生（Al – Rasheed，1998：122 – 125）。一个技术熟练的职业化群体，正在以什叶派的认同为基础，来动员更多的人参与到这场运动中。1992年后，伊斯兰革命组织因"改革运动"而闻名。该组织在20世纪80年代和90年代初在伦敦出版了《阿拉伯半岛》（Al – Jazirah al – Arabiyyah）杂志。

重申政权的伊斯兰特征

1979 ~ 1980年事件后，沙特政治领导层最初的倾向是承诺政权自由化。有人提议成立协商会议（Consultative Assembly），法赫德王储于1980年2月宣布，将在两个月内公布协商会议的条例。他说，这些条例将根据沙里亚法的200条规定来制定（Holden and

Johns，1981：536)。然而，条例最终也没有被制定出来，协商会议也没有召开。又过了 12 年，第一次海湾战争之后，一项支持成立协商会议的基本法才得以通过。沙特政府失去了一次使现有体制变得更加开明、赢得中产阶级支持的重要机会，而中产阶级对朱海曼及其支持者的极端主义感到震惊，对来自德黑兰的革命言论并不信任，这些本可以成为沙特政府的重要支撑。

沙特最终采用了截然不同的策略，其核心是重申政权的伊斯兰教特征。国家为支持宗教活动的拨款数额迅速增加，在第二个发展计划（1975～1980 年）中，拨款达到了 12.6 亿里亚尔，而在第三个发展计划（1980～1985 年）中，这一拨款达到了 90.4 亿里亚尔。一项建造新清真寺的计划正在紧锣密鼓地进行中。沙特的伊斯兰教育机构也获得了额外的资金投入，伊斯兰大学招收的学生人数也有了大幅增加，政府提供更多的助学金来鼓励学生进入伊斯兰大学求学。随着一名谢赫家族的成员被任命为司法大臣，宗教领袖和世俗领袖之间传统上的联盟得以加强，谢赫家族对司法机构的控制权也得以恢复。本·巴兹被任命为大穆夫提，在沙特的宗教组织中有了明确的领导地位。宗教领袖在指导国家社会生活方面比以前发挥了更广泛的作用："美德推广与预防邪恶委员会"再度活跃起来，并发挥更积极的作用，宗教对教育的控制更加严格，宗教领导人更关注如何限制妇女在工厂和教育部门发挥作用，妇女在国外留学时再也不能从政府那里获得奖学金。1986 年 10 月法赫德国王颁布的政策是要让大家明白，未来他希望人们称他为"两大圣寺的监护人"，而不是"陛下"或者其他世俗头衔。20 世纪八九十年代，沙特人生活的社会空间比以前更加狭小了。

　　这一战略也有国际影响，主要是由于沙特政府所面临的国内和地区挑战。20 世纪 80 年代，沙特政府与美国一起，积极应对地区和国际舞台上激进的世俗主义的挑战。其中最引人关注的是，沙特政府支持阿富汗境内同苏联所支持的政权进行斗争的伊斯兰运动。通过支持伊斯兰世界的反苏运动，沙特政府不仅巩固了其国内统治的伊斯兰合法性，同时也强化了其在全球伊斯兰世界的领导权。

　　此外，这一战略也具有社会经济意义。尽管 20 世纪 80 年代沙特政府在许多领域削减了开支，但增加了对边缘群体的支持和补助。如前所述，政府用于社会保障的资金急剧增加，农村地区获得的补贴也显著增加。政府把更多的资金用于开发什叶派占主体的地区。

　　尽管沙特政府强调自己的伊斯兰特征与其历史发展是一脉相承的，也回应了国家和地区层面上伊斯兰主义不断发展的现状，但政府所采取的政策还是有诸多问题的。巩固那些有意严格执行瓦哈卜思想的宗教领导人的地位进一步限制了沙特社会内部的发展范围，最终滋生了 20 世纪 90 年代及其以后威胁沙特政权的不满因素。一些杰出的非沙特籍（主要是埃及）穆斯林在沙特伊斯兰大学所持的立场进一步增加了宗教的活力，这些人所持有的激进主张往往在他们自己的国家是受到排挤或压制的。这种观念在同瓦哈比/萨拉菲主义的互动中形成了新的宗教话语形式，许多激进的穆斯林从这些意识形态的互动交流中得到了启发。自 20 世纪 90 年代初开始，这种激进主义运动成了沙特政权面临的主要威胁。新的伊斯兰主义在神学理论上要比朱海曼纯朴的"原教旨主义"更为复杂，因而赢得了更多人的支持，朱海曼运动的一个方面是体现了这个时期的特征：其追随者的国际特征。围攻清真寺

中幸存下来的 65 名叛乱分子后来都被处决了，其中确定国籍的有
41 名沙特公民、10 名埃及人、7 名也门人（除了 1 名也门民主人
民共和国的公民外）、1 名苏丹人和 1 名伊拉克人（Holden and
Johns，1981：527）。

　　除此之外，以宗教价值观动员为基础的另一条道路也是可行
的。政府应为更多伊斯兰教的话语提供平台，推动伊斯兰教内部发
扬宽容精神和发展多元主义。这对从苏菲派到什叶派的非瓦哈比宗
教派别来说是一种鼓舞，促使它们参与到政府支持的宗教和教育活
动中去。伊斯兰多元主义的发展为沙特社会多元价值观的传播奠定
了基础，大清真寺发生的事件为这种发展奠定了群众基础：人们对
在这么神圣的地方，通过暴力渎圣而产生的宗教极端主义极为反
感。政府旨在通过培养伊斯兰多元主义来削弱极端主义源泉的措
施很可能会赢得各界普遍的支持。然而，沙特政府并没有采取这
种措施，而是采取了更简单的、与之相反的政策：以阿卜杜勒·
阿齐兹·本·巴兹为核心的宗教领导层的权力得以进一步加强，
以打击偏离瓦哈卜思想的行为，这一打击多元主义的政策得到了
政府的支持。

应对不断变化的全球和地区秩序：阿拉伯世界不统一、海湾不安全、美国联盟和海湾战争

　　第五章将详细介绍沙特外交所面临的困境，并将重点概述部分
重要事件是如何发展的，这对理解这一时期沙特国内政治的发展至
关重要。显而易见，该地区（特别是海湾地区）发生的事件对沙

特国内政治领导层所面临的问题有至关重要的影响。

历史上巴勒斯坦问题和阿以冲突对沙特外交有至关重要的影响，但此时却被更直接和紧迫的问题所掩盖。值得注意的是，沙特的外交政策是在持续关注巴勒斯坦和阿以问题的背景下实施的。20世纪80年代早期，有人提出了新的阿拉伯和平倡议，最引人注目的是阿拉伯联盟在1982年提出的以法赫德王储1981年提出的建议为基础的非斯方案（Fez Plan）。1981年，萨达特总统遇刺，胡斯尼·穆巴拉克（Husni Mubarak）就任总统后，沙特与埃及的接触逐渐增多。1987年爆发的巴勒斯坦大起义（Intifadah，一直持续到1990年）就像对其他阿拉伯国家产生的影响一样对沙特舆论也产生了相当大的影响。沙特民众开始持续关注巴勒斯坦人民一直被压制，以及国际社会未能有效采取行动保护巴勒斯坦的政治、社会和人权的现实。20世纪90年代以来，沙特民众对西方世界态度的变化很大程度上受民众对巴勒斯坦人所遭受的不公正待遇认识的影响。

沙特现在是美国双柱政策（twin - pillar policy）中仅存的一柱。美国试图通过提高沙特在该地区直接的军事参与（尽管就其来说这已"超出范围"了）来填补权力真空，沙特对美国中东政策的实施显得越来越重要。20世纪80年代早期和中期，美国对中东地区的核心关切是苏联势力在海湾地区和印度洋地区的扩张，此时则认为这构成了"危机之弧"（Arc of Crisis）。美国担心1978年后苏联和古巴对埃塞俄比亚军事介入的扩大，苏联武装部队1979年12月侵入阿富汗，苏联在南也门的增兵，以及苏联海军在印度洋地区势力的日益壮大，这些都将使苏联在海湾地区形成一个包围圈，封锁对于西方航运至关重要的霍尔木兹海峡（Halliday，

1982）。西方国家的石油供应可能都会因此受到干扰。沙特和美国之间密切的安全合作对双方来说都是极为重要的。沙特在阿富汗问题上的作用对于协调美国区域战略来说格外重要，它是在"危机之弧"中削弱苏联威胁的关键要素。关于这一点具体将在第五章予以详述。不过因为上述缘由，沙美安全关系在20世纪80年代大大加强，美国和西欧对沙特的军备销售也达到了一个历史高峰。1973～1977年，美国和西欧对沙特的军备销售额为17.98亿美元，1978～1981年为80.85亿美元，1982～1986年为141.9亿美元，到1987～1991年，军火销售额激增为251.25亿美元（Cordesman，2003a：98）。沙特还在美国遏制左翼政权的全球战略中扮演着更加广泛的角色。

1980年9月爆发的两伊战争为海湾地区增加了新的不安全要素。在两伊战争期间（1980～1988年），沙特给伊拉克提供了大量支持。这一政策的认识基础是，尽管伊朗和伊拉克都对沙特的安全构成威胁，但与伊拉克相比，伊朗是更大的安全威胁。因此，沙特和伊拉克之间的密切合作对巩固沙特自身的安全与稳定很有必要，沙特在战争期间向伊拉克提供了价值约250亿美元的资助（Al‑Rasheed，2002：157）。

第一次海湾战争

1990年8月2日，伊拉克军队入侵并占领了科威特。战争伊始，沙特政府对此事的反应是令人震惊的——沉默：直到8月4日，沙特媒体才提及此事，政府也没有立即发表评论；8月3日，法赫德国王会见了萨达姆·侯赛因总统派来的伊拉克革命指挥委员会（Revolutionary Command Council）副主席伊扎特·易卜拉欣（Izzat Ibrahim），伊扎特·易卜拉欣此行前来利雅得的目的是向沙特政府保证伊拉克军队不会对沙特构成威胁，但却并未保证何时撤离科威特。8月4日，沙特政府最终还是谴责了伊拉克的入侵，并全力支持科威特在沙特境内的塔伊夫建立流亡政府。然而，沙特王室的领导层似乎在需要采取何种行动上意见有分歧。虽然一些人（据说是纳伊夫亲王和萨勒曼亲王）从一开始就确信需要美国军队来保卫沙特，其他人（据说包括阿卜杜拉王储、塔拉勒亲王和苏尔坦亲王）则主张在阿拉伯联盟的主导下达成一个和解协议。后一种方法得到了一些人的支持，他们担心非伊斯兰国家军队在沙特的驻扎会对民众舆论产生影响，同时也会对伊斯兰世界看待沙特的态度造成负面影响。然而，当美国国防部部长理查德·切尼8月6日同法赫德国王举行会晤并使国王相信沙特的安全已经岌岌可危后，8月7日沙特政府正式请求美国政府提供援助，而美国也正式应允了沙特的请求，并派出空军和海军支援沙特（Abruish，1994：175－178）。

毫无疑问，如果伊拉克军队选择继续入侵沙特，他们并不会遇到什么特别大的阻碍。尽管20世纪80年代中期，沙特国防开支很庞大（约2000亿美元），但沙特北部的防御力量却仍然十分薄弱。1990年8月10日，被任命为沙特军队指挥官的哈立德·本·苏尔坦亲王描述了他去边境检阅沙特军队时受到的"毁灭性心理冲击"。他指出，"我们严重低估了我们国家北方的阿拉伯邻居对我们造成陆上威胁的可能性"，伊拉克部队可以在几天之内就抵达沙特的主要油田（Sultan，1995：8 and 11）。沙特自卫能力的孱弱与其庞大的军事开支形成了鲜明反差，从而为整个 20 世纪 90 年代民众对政府的批评提供了基础。

不过，伊拉克军队除了部分突袭之外，并没有对沙特领土发动大规模的攻势。在伊拉克占领科威特后的几个星期里，驻扎在沙特的外国军队数量逐渐增多，以美国为主的多国部队将其士兵派驻到了沙特。在第一次海湾战争进行得最激烈的时候，大约有 75 万名外国军人携带着武器以及其他装备在沙特集结。在给这支大军提供后勤保障方面，沙特是相当成功的。但在西方国家对于战争的叙述中，沙特的作用可能被低估了。战争期间，沙特还遭到了飞毛腿导弹的袭击，1991 年 1 月 29 日，伊拉克对靠近科威特边界的沙特城镇海夫吉（al‐Khafji）发动了一次进攻。旨在将伊拉克军队从科威特驱逐的地面战于 2 月 24 日开始，2 月 28 日行动终止，战争结束（Sultan，1995：361–420）。

第一次海湾战争对沙特国内的发展产生了两点主要影响。第一个国内影响是经济方面，沙特承担了战争的主要财政负担，主要包括以下几种类型：向派遣部队的国家提供直接补助金，向需要外交支持的国家提供援助和贷款，向曾经在沙特避难的大约 33 万名科威特人提供保障，给驻扎在沙特领土上的军队提供后勤保障，修复和重建在战争中受损的基础设施（既包括联军军事行动所造成的，也包括伊拉克的导弹袭击和海夫吉发生的战斗所造成的），以及自身军事参与的支出。很难确定沙特在战争期间的总成本，估计在 600 亿美元——这个数字相当于沙特在 1990 年初的外汇总储备。在所有参与对伊拉克进行军事行动的国家中，沙特在经济上的付出是最大的。战争给美国和英国带来的损失在很大程度上因为沙特、科威特以及阿拉伯联合酋长国的贡献而得以抵消。

20世纪90年代，沙特的财政状况比20世纪80年代初糟糕得多。只要科威特和伊拉克的石油无法出口，沙特就可以从高油价获益。然而，到20世纪90年代中期，油价已跌到了自20世纪90年代初以来的最低点。二十多年来，由于参与伊拉克事务，沙特的财政资源已经枯竭：在20世纪80年代沙特通过向伊拉克提供资金援助支持伊拉克对抗伊朗；90年代沙特又为在海湾战争中打击伊拉克付出了代价。

海湾战争的第二个国内影响来自沙特允许非穆斯林军队驻扎在沙特领土上去打击另一个伊斯兰兄弟国家。正如在后面的章节中将要说明的，这一决定给沙特社会带来了新的分化。政治领导层已经清楚地预见到，允许外国军队驻扎将会引起争议，接下来怎么做无疑是非常艰难的。为了平息来自宗教界的批评，伊拉克占领科威特后的前几天里，沙特国王要确保乌里玛公开支持政府的行为。政府要求乌里玛高级委员会为允许外国军队驻扎在沙特提供宗教上的支持，并于8月13日正式发布法特瓦，确保外国军队的驻扎是"必要的"，痛苦的现实也是不可避免的。该法特瓦指出，伊斯兰教法规定，掌管穆斯林事务的人应该寻求那些有能力完成预定目标的人的帮助。该法特瓦的法律基础是《古兰经》和圣训，它们都强调有必要未雨绸缪（Galindo，2001：197）。穆夫提本·巴兹发布了自己的法特瓦，强调伊拉克攻击科威特是非法的，国王有责任保卫沙特王国，更有责任保卫伊斯兰。当时发布的部分法特瓦强调，外国军队将留在东部省份，远离麦加和麦地那两大圣地。1990年9月12日，来自世界不同地区的约350名著名宗教人物应邀参加了穆斯林世界联盟（Muslim World League）在吉达组织的会议，讨论让非穆斯林军队保卫王国的神学基础（*Guardian*：14.9.90）。

然而，尽管乌里玛支持美国军队在沙特驻扎，但这一事件还是在沙特社会内部引起了激进派的反应，这将会在"反抗与改革运动：1990年至今"中介绍。

重塑与美国的关系

第一次海湾战争开创了美军在沙特驻军的先例，在随后的十年里，沙美军事关系有了新的发展。美军对沙特的介入已不再仅局限于提供军事装备和训练，还有大约5000名美国军人在沙特长期驻扎。美国在海湾地区的空中作战指挥中心就位于利雅得附近的一个军营。鉴于沙特在国内外面临的威胁，美国的驻军是必要的。两国之间密切的政治与经济合作对其军事发展是有机补充。沙特驻华盛顿大使班达尔·本·苏尔坦亲王（Prince Bandar bin Sultan）在这一时期与美国总统，特别是乔治·布什和乔治·W.布什的关系之密切更是广为人知。

而至于"9·11"事件和伊拉克战争对于沙美关系的根本性重构则将会放到第五章中进行详细叙述。

反抗与改革运动：1990年至今

正如导论所述，沙特国家与社会之间的关系是复杂的，这使得试图分析国内反对派和改革运动的过程更加复杂。国家和社会之间的分界线并不总是清晰的，政治改革的呼声来自统治集团内部和一些与统治集团有联系的个人、社会上与掌权者有正式联系的个人和组织（但可能仍然与某些有权力的职位有关联）以及来自沙特国内外那些反对现有统治体制并与这种体制没有关联的人。此外，这些人根据当时的政治动态，可以从一个类别转向另一个类别。一些团体已经从拒绝与政权接触转向接受其认可的政权，而另一些团体走相反的路线。此外，在某些团体中，与政府部门的接触仅局限于个人，而不包括反对派中的所有人。

1990 年以来，沙特国内的反对派和改革运动可以被看作两种压力的持续，一种是直接的反对派，另一种是政府内部对改革的呼声。我们这里将这两种压力的来源称为"伊斯兰主义者"和"现代化主义者"。就伊斯兰主义者来说，他们通过宗教机构尤其是通过乌里玛与沙特统治层联系。一些伊斯兰主义的改革派/反对派的主要人物本身就是宗教机构的领导层，他们中的极端派将这些宗教领袖贬损成与沙特这个腐败和非伊斯兰教政权的合作者，并认为采取暴力的方式反对政府是合法的。而就现代化主义者来说，他们与沙特政治领导层和政府机构之间有一定的联系。一些现代化主义者自己就在政府机构中任职，而他们中的极端派则拒绝与政府进行任何接触，并认为除非推翻现有政权，否则无法解决国家现有问题。

无论是伊斯兰主义者还是现代化主义者，他们与沙特政府/宗教机构的关系都存在一些结构性问题。沙特大多数伊斯兰主义者正在寻求建立这样一个国家，即伊斯兰宗教机构在决定国家政策的发展方向和实施范围上将发挥更大作用。因此，伊斯兰主义者既是乌里玛的批评者，也是乌里玛的支持者：他们谴责乌里玛未能有效地促进伊斯兰原则的实施，但也强调乌里玛为国家所有政策的基础奠定了伊斯兰合法性。现代化主义者则认为沙特国家（在很长一段时间内）未能有效应对政治改革的挑战，他们中的许多人把这一失败归咎于国家的结构特征。然而，除了那些主张推翻现政权的人之外，大多数现代化主义者认为政府至少在改革的初期阶段应当成为改革得以产生的渠道。在一个不允许民间组织寻求政治改革的体制中，只有颠覆或合作两种可行的选择。

这里之所以用"伊斯兰主义者"和"现代化主义者"这两个词，是因为这两派的主要人物倾向于用这种方式将自己与其他进行区分。然而，我们应该牢记的是，这种二分法并非传统价值观与世俗主义观念之间的区分。沙特伊斯兰主义者把自己看成拒绝塔格利德的改革者，并发展了一种现实法学（fiqh al – waqi'a）。他们采取包括合法性和权利在内的复杂话语体系，并通过当今最先进的互联网信息渠道与现代世界互通互动。现代化主义者则大多强调，考虑到沙特民众的传统和习俗，国家应在伊斯兰教的规则范围内采取行动。

变革的诉求

20世纪80年代，反对派对沙特政权的批评仍是相对温和的。最积极的外部反对派往往来自沙特王国以外的什叶派分子，他们时常会得到伊朗的支持。不过这并没有引起沙特国内的太多注意，也没有给沙特政权带来太大的麻烦。

然而1990年，外国大批非穆斯林军队在沙特驻扎后，沙特民众和国家之间的关系再次紧张起来。最初，这种关系表现为中产阶级中的自由派成员试图敦促沙特政府扩大人权和公民权，他们正在利用政府先前对西方鼓吹的民权持强硬立场这一明显的弱点。驻沙特的大批西方记者关注着这种冲突，并将其描绘为一种文明价值观与极权主义和独裁之间的冲突；加之驻扎在沙特的西方军队仍然遵循本国的社会习俗。在这一系列问题的综合影响之下，政府的政策出现了明显的矛盾。20 世纪 90 年代后期，沙特的新闻界比以前更加开放了。法赫德国王宣布，他打算改革省级行政体制，成立全国协商会议，并提高妇女的就业地位。在为军事冲突做准备的背景下，政府鼓励妇女作为志愿者参加医护和医疗援助工作（Galindo，2001：199）。商业机构中的一些人私下里也提出要向女性开放劳动力市场以增加女性的就业机会，并建立新的代表机构（Abir，1993：179）。

中产阶级中的自由派对变革诉求最强有力的表达是由 45 名沙特妇女组织的，她们发起了要求赋予妇女驾驶汽车权利的示威游行。这些妇女明确表示她们有驾车的充分理由，一是美国军队中的女性军人可以驾驶军车四处活动，二是就连许多逃离科威特的难民乘坐的汽车也是由妇女驾驶的。女性示威者们以伊斯兰教义来阐述她们的立场，她们在提交给利雅得省省长的请愿书中说："我们的要求得到了宗教的认可。愿主保佑，我们的先知穆罕默德确立的传统提出，伊斯兰教在承认每个人的权利方面是系统而全面的。"（Doumato，1995：139）1990 年 11 月 6 日，45 名妇女通过驾车进入利雅得市中心的方式完成了她们的抗议活动。这些妇女被捕了，随后她们又在男性监护人的保证下获释。她们及其丈夫失去了护照和工作岗位，其中一些人再也没有获得就业的机会。内政大臣纳伊夫亲王颁布了一项法令，重申1957年沙特国王发布的禁令，他将这些示威者描述成在国外接受了非伊斯兰教育而被毒化的妇女（Galindo，2001：201）。

这次示威活动无论对政府，还是对中产阶级中的自由派来说都是一个转折点。20世纪80年代初以来，保守派政治话语的核心是，妇女问题正成为官方争论的焦点。政治领导层和乌里玛集团现在正在同一个问题上齐心协力采取行动：确保外国驻军不会成为社会或政治变革的推动力——至少不会成为他们自己无法驾驭的改革的推动力。本·巴兹发布的法特瓦重申了女性驾车对社会带来的危险。

女性驾车会带来许多罪恶和负面影响，其中包括与男性共处而自身缺乏警惕性，而且由于这种行为是被禁止的，也会带来许多的邪恶。纯洁的法令禁止一切导致堕落的事业。

在乌里玛的布道中，女性示威者被描述为"最糟糕的女人"（Galindo，2001：201）。纳伊夫亲王在向利雅得文学俱乐部发表的讲话中强调了接受西方思想的危险性，并特别强调了保护年轻人免受"破坏性意识形态和可疑的输入性文化"侵害的必要性（Galindo，2001：201）。

尽管言论自由在沙特遭遇挫折，但由43位改革派人士组成的团体依然向国王提出了政治改革的请求，请愿书于1991年1月呈交给了国王。这个团体主要由知识分子和商人组成，其中包括前信息大臣艾哈迈德·阿卜杜·亚曼尼（Ahmad Abdu Yamani）。请愿书强调他们遵守伊斯兰教法，并且无意变革现有制度。他们的改革主张措辞温和，并且实质上已经涵盖了列入国家政治议程的内容。他们要求在全国和省一级建立协商会议，开放媒体，扩大妇女权益，并全面改革教育制度（Galindo，2001：208）。政府没有立即对此作出回应。鉴于政治领导层已经同意引入新的政治体制，以及推行相关的司法改革，所以请愿书仅仅有助于消除政治改革道路上的阻力。沙特政府于 1992 年适时引入了该请愿书所提出的改革举措（见下文）。

就这一点来看，尽管有时也会有其他力量的参与，但促进国家实施政治改革的主要推动者是伊斯兰主义者。伊斯兰主义改革派力量的不断增强需要综合加以分析。乌里玛集团为什么在这一问题上采取强硬立场，其中一个原因就是确保他们不会被更年轻、更激进的宗教教师和宣教者所击败。后者批评他们授权美国军队进入沙特领土，并引起了部分民众的共鸣。激进派的核心人物是在沙特宗教大学任职的三位宗教人士：萨法尔·哈瓦里（Safar al - Hawali）、萨勒曼·奥达哈（Salman al - Auda）和纳西尔·奥马尔（Nasir al - Umar）。他们在乌里玛高级委员会发布支持政府立场的法特瓦的一周内就提出了批评意见。1991 年 8 月 19 日，乌姆·古拉大学（Umm al-Qura University）伊斯兰院院长萨法尔·哈瓦里公开指出依赖美国来应对伊拉克入侵科威特的事件是违背伊斯兰法的。他诘问："有信仰的乌里玛和认主学怎么能接受依靠美国，而不是全能的真主来解决问题？"（Alshamsi，2003：130）8 月 28 日，伊玛目穆罕默德·本·沙特伊斯兰大学的成员萨勒曼·奥达哈进一步指出，伊拉克和科威特都没有按照伊斯兰原则行事，因而伊斯兰的义务也不可能在两国的冲突中产生。作为同一所大学教授的纳西尔·奥马尔则重点探讨伊斯兰世界所面临的现实问题，提出美国积极参与的原因是想在海湾地区建立霸权（Alshamsi，2003：136）。

　　海湾战争后，伊斯兰主义改革派与政府就美国在沙特驻军问题上的分歧进一步发展为一种普遍的政治改革诉求。他们在向政府提交的请愿书中提出了改革的主张，第一份请愿书是1991年5月提交的。其后一份请愿书则是著名的"要求之信"（Letter of Demands），其中包含了许多自由派批评者所认可的主张。实际上，"要求之信"的400名签名者中有许多人是自由派而不是伊斯兰主义者。此外，请愿书也吸引了大批支持者，其中包括乌里玛集团的一些高级成员，甚至本·巴兹最初也发表声明赞同请愿书的内容，不过请愿书一经公开并引发争议，他就与此撇清关系（Alshamsi，2003：164－165）。尽管"要求之信"得到了广泛支持，但值得强调的是，文本的起草及最后的定稿是由伊斯兰改革派团体推动的。"要求之信"的内容有助于说明其为什么赢得了广泛的支持。"要求之信"把自由派和伊斯兰传统中都认可的人权和公民权写了进去，并提出改进沙特舆论普遍认可的行为和实践。请愿书呼吁成立一个协商委员会来根据伊斯兰法处理国家的内政和外交；修订政治、经济和行政管理领域的国家法律法规，使之与伊斯兰法相一致；选拔"合格、有道德"的人担任国家行政人员；建立公平正义，明确公民的权利和义务；建立国家官员责任制，特别是对于拥有较大影响力的官员；引入伊斯兰经济体制，建立公正的公共资金分配政策，采取措施防止浪费和过度开

采资源；实施军事改革；确保媒体反映国家的伊斯兰认同；确立
反映国家利益的外交政策，避免同与伊斯兰世界有矛盾的国家结
盟；培育并支持宗教和传教（da'wah）机构；整合所有司法机构，
确保司法独立以保证个人与社会享有沙里亚法所规定的权利
（Alshamsi，2003：163）。

　　沙特政府对"要求之信"的反应是试图说服官方乌里玛集团
与"要求之信"撇清关系，政府在这方面取得了一定的成功，但
其促进了下一个备忘录的出现，即"劝诫备忘录"。该备忘录完全
以伊斯兰主义改革派的观点为基础，以明显的反对派口吻直接批评
了君主制政权。该备忘录既不想中和各派的观点，也不想赢得广泛
的支持。1992年7月，政府收到了这份备忘录。该备忘录提出的
要求带有更狭隘的伊斯兰主义色彩：应该加强乌里玛和杜阿
（duah，意思是"呼唤者"）在社会中的地位；全面应用沙里亚法；
加强伊斯兰司法机构的权力；停止政府违反人权和人类尊严的行
为，实施行政改革，防止腐败，保障正义；建立伊斯兰财政和金融
体系，杜绝现有非伊斯兰的金融经济活动；改革国家福利制度；解
决海湾战争暴露的国家军事能力与设施不足问题，加强和提高军队
的战斗力；促进媒体维持并保护伊斯兰体系，捍卫伊斯兰，促进伊
斯兰事业和价值观的发展；国家的外交政策应该是向全世界宣传伊
斯兰，推动伊斯兰世界的统一，支持伊斯兰世界的事业。沙特政府
因与具有殖民意图的国家结盟而备受"劝诫备忘录"作者的批评
（Alshamsi，2003：168－169）。

　　这些请愿书反映了20世纪90年代早期各种反对派所要追求的
目标。"劝诫备忘录"被公布后，伊斯兰教领导人与官方乌里玛之间

的关系就清晰地显现了出来。乌里玛高级委员会强烈谴责该备忘录，指责这些起草者的行事方法。

> 在鼓舞分裂、仇恨和伪装……完全破坏了国家发展的良好形象。该备忘录要么是说明了作者的居心不良，要么就体现出他们对现实的漠视……该委员会认为，这种行为违背了伊斯兰沙里亚法。（Alshamsi，2003：49－50 of Vol. 2）

然而，当这份声明发表时，乌里玛高级委员会的 17 名成员中有 7 名"由于健康原因"缺席。

国内伊斯兰主义者的批判

在前一节中，我们已经明确，对于沙特政权及其政策的批评主要来自伊斯兰主义者。在这段时期，直到 1994 年，伊斯兰主义者在他们为推动国家政治变革而开展的运动中继续表达同样的观点——用更具宗教内涵的话语加以详细解释。他们做事的主要方式是在清真寺和其他地方举办讲座和布道，这些内容经过录制后得以广泛传播。1994 年是一个分界点，正是在这一年的 9 月至 10 月，伊斯兰主义者的领导人被逮捕、监禁。正如稍后将要阐述的，伊斯兰主义者的发展方向由此发生了分化。

伊斯兰主义者的领导人提出的有些观点比较朴素，也许还有点蒙昧。这些观点也未必能系统解决沙特社会所面临的一些极为复杂的问题，例如，需要让更多的妇女加入劳动力市场，以及如何保障部分什叶派穆斯林的权利（虽然实际上，他们对什叶派的评论具有强烈的反什叶派特征）。在"劝诫备忘录"中提到妇女问题的几个地方中，有一处讲到，媒体因未能提供有益于"妇女和家庭"的建设性方案而备受批评——仅仅关注妇女的家庭角色而不是她们的就业问题。同一部分的内容提出了"有助于提升妇女贞洁与美德"（但显然这些计划未涉及男性）的方案。

尽管如此，伊斯兰主义者的领导人仍强调伊斯兰法是决定人权的标准和唯一来源，提出了一系列强调公民权和人权的主张。他们许多的批评是从推进伊斯兰事业和理解伊斯兰的角度提出的，并认为这是所有穆斯林的权利，但是这一权利被政府低估和忽视了。同时也有人想提出一个具有更广泛意义的改革计划，有人建议完全禁止酷刑，因为警察在全力取证时"违背了人的尊严"；有人提出政府应保证每个人都可以聘请律师为自己辩护，并且在法院审判定罪之前，每个人都应当被视为无罪；还有人提出，应该在每个政府机构中设立一个部门，负责受理公民对政府官员工作失误不满的索赔和申诉（Al - Auda，2003）。

随着时间的推移，反对派对政府的批判更加尖锐。萨勒曼·奥达哈1994年9月被捕，在被捕前不久发表了一次演说，指责沙特政府采取"非法措施来镇压"穆斯林，阻止穆斯林传播他们的思想。他宣称腐败已经遍布沙特社会生活的方方面面，并且导致人们生活中的道德败坏，因而沙特需要推行激进的改革。他认为，有些掌权的人"反对任何形式的改革"（Alshamsi，2003：207）。不过我们也应该注意到，他的观点中并没有否定沙特政权的合法性。

沙特国内伊斯兰主义势力领导层的关键人物在1994～2000年被关进了监狱。当他们从监狱中释放出来后，起初政府不允许他们进行布道或公开演讲，但他们确实找到了许多可以表达他们观点的渠道，其中最有效的渠道是建立网站，通过这些网站他们可以表达自己对沙特王国内政外交的看法。从伊斯兰主义者的角度来看，网络将成为讨论沙特王国政治的主要论坛。他们在发言中对王室家族和政治领导层的批评很温和，而把批评的矛头转向外部，指责全球秩序以及穆斯林在这种秩序中所遭遇的不公正的处境。确实，在外交政策的许多问题上，伊斯兰主义者发现自己是支持政府路线的——比如在伊拉克问题上。人们认为，整个国家都受到来自外部的攻击，那么首要任务是国家要团结起来抵抗这种攻击，而不是批评政府。伊斯兰主义者的领导人还参加了阿卜杜拉王储召集的一些讨论政府体制应如何改革的会议（*Guardian*：20.6.03）。此外，20世纪90年代那些声名大作的伊斯兰主义者领袖面对21世纪初恐怖分子在沙特境内发动袭击的时候，积极参与到谴责恐怖主义的队伍中。在一些情况下，伊斯兰主义者领袖甚至会给政府牵线搭桥。因此，在应对国内和国际威胁方面，他们成了沙特政府的战略盟友。

流亡在外的伊斯兰主义者的民间批判

20世纪90年代中期发生的一系列事件导致那些最倾向于支持西方组织形式的人创建了一个推动改革的组织。1993年5月，他们成立了保卫合法权利委员会（Committee for the Defence of Legitimate Rights，CDLR），之所以选择这个名称是为了强调他们所追求的权利是源于沙里亚法的。最初宣布成立委员会的六位署名者都是资深学者和法律人士，他们社会地位高，宗教知识渊博，这是要向人们表明，委员会并没有脱离现有政府体制的宗教和意识形态基础。其中的一位签名者叫阿卜杜拉·吉布林（Abdallah al‐Jibrin），他是伊夫塔委员会的一名重要成员，负责代表高级乌里玛集团发布法特瓦。另一位是退休法官、监察机构的前主席，名叫阿卜杜拉·马萨里（Abdallah al‐Masari），他的儿子穆罕默德·马萨里（Muhammad al‐Masari）担任该委员会的发言人，他是沙特国王大学的物理学教授，由于善于同西方媒体打交道，他很快就成为保卫合法权利委员会的领导人。该委员会的目的是使政府负起责任，恢复司法独立，并让人们意识到可以根据伊斯兰法来维护他们的权利。在委员会成员公开发表的言论中，他们呼吁人们向其提供有关不公正现象的材料（Al‐Rasheed，2002：176‐177）。

尽管署名者社会地位很高，但他们在保卫合法权利委员会成立后仍被逮捕、监禁。该委员会也被取缔，乌里玛发布了一项谴责该委员会的法特瓦。一直在推动该委员会发展的部分活动人士随后离开了沙特，其中包括穆罕默德·马萨里和外科医生萨阿德·法基（Saad al‐Faqih）。他们随后在伦敦重建了这个委员会，并大力宣传其思想，通过发往沙特的大量传真以及后来利用互联网来扩大该委员会的影响力（Al‐Rasheed，2002：178）。通过这两种方式，他们发布有关沙特国内的消息，并呼吁进行政治改革。虽然这些人士传播的所有信息并非都是准确的，但确实开创了在国内外同时讨论沙特发展的先例。英国政府以穆罕默德·马萨里的言论鼓励暴力为由，试图将他驱逐出英国，但遭到了法院的拒绝。

然而，1996 年保卫合法权利委员会的分裂严重破坏了其原有的形式。两位身处国外的保卫合法权利委员会的领导人之间出现了矛盾分歧，萨阿德·法基离开了该组织，目的是创建一个名叫沙特伊斯兰改革运动（Movement for Islamic Reform in Saudi Arabia，MIRA）的新组织。双方对造成分裂的原因解释不一致，既有个人问题，也有意识形态问题，但最重要的是，这两个组织后来在推动其所追求的政治路线方面有很大的不同。保卫合法权利委员会的活动迅速减少，部分原因是该组织负债累累，它后来所进行的活动集中在全球伊斯兰事务上，并与诸如英国的迁士组织（al-Muhajirun）这样的伊斯兰激进组织结盟。而沙特伊斯兰改革运动活动的重心在沙特，该组织创办了一个有影响力的网站（尽管这个网站会不时地从网上神秘消失），并经常发布有关沙特国内事态发展的消息，推动沙特国内的政治变革。该组织创办的刊物《阿拉伯公告》（*Arabia Unveiled*）聚焦司法独立、政府和王室的责任、政府推行的石油和防御政策以及民众面临的社会经济问题。这两个组织都将批评的矛头更多指向国王、内政大臣纳伊夫亲王、苏尔坦亲王（国防大臣）和萨勒曼亲王（利雅得省省长），而不是阿卜杜拉王储。沙特伊斯兰改革运动的批评力度往往要强于穆罕默德·马萨里领导的保卫合法权利委员会，因而前者认为后者缺乏正当性（Galindo，2001：227）。

2004年12月，沙特伊斯兰改革运动开办了一个名为"改革之声"（Sawt al-Islah）的电台，从欧洲某个神秘地点向沙特进行广播。该组织的这种设计就是要通过沙特王国无法监测的渠道让沙特人参与到其计划之中。

转向暴力："基地"组织的维度

另一股伊斯兰反对派是由乌萨马·本·拉登及其同伙领导的，他们后来以"基地"组织这一称号而闻名。20世纪90年代早期，该组织在表现上和前述流亡民权运动类似。他们于1994年在伦敦开设了一个办事处，自称是沙特咨询与改革委员会（Committee for Advice and Reform in Saudi Arabia）。然而，本·拉登的目标并不仅限于沙特，他最终选择采用非和平的手段去追寻他的目标。本·拉登和"基地"组织将会在第五章得到更深入的讨论。

自由派的批评

尽管不同的伊斯兰主义反对派对沙特政权或其政策的批评影响颇大，但必须强调的是，自由派的批评仍在继续。如前所述，自由派的批评已经跨越了公民社会和国家之间的鸿沟。有些自由派的批评者已经超出了国家的允许范围，激烈地反对现政府；而也有些自由派与政治领导层有合作。沙特王室家族成员本身对改革的态度各不相同，从倡导自由民主到反对任何形式的改革。一些普通的政府官员，如计划大臣加齐·阿尔戈赛比博士（Dr. Ghazi Algosaibi），通常被认为与沙特伊斯兰改革运动有联系，虽然这些人也许更多是为了执行社会改革和反对狭隘地解释伊斯兰教，并不是公开地推动政治改革（Algosabi，2002）。还有一些沙特咨询与改革委员会成员积极寻求扩大该委员会的作用，并试图通过举行选举将其转变为代议制机构。

　　那些与政府没有任何联系的自由派批判者既有来自国内的也有来自国外的。从国内来说，知识分子和记者一直呼吁进行政治改革——在国家和省一级建立有明确立法权的民选代议制机构；更明确地从立法上保护人权，赋予妇女更多的权利。尽管这种要求通常是单独提出的，但有时也采取集体请愿的形式。1990～1991年就有过集体请愿的先例，2003年再次出现。这次请愿与20世纪90年代初的请愿相比，语气更为强烈，并导致有关的核心成员被逮捕。

　　另一股自由派批评力量主要来自沙特的什叶派。20世纪90年代初，沙特的发展为什叶派创造了新的政治发展动力，他们如今面临着与什叶派教义敌对的激进派瓦哈比主义的复兴。什叶派现在与政府机构内外那些呼吁以改革保障人权及建立代议制的人的目标一致，希望通过这些手段来保护他们自己的一些权利。

　　为了理解这一新的发展趋势，我们有必要梳理一下20世纪80年代什叶派运动的发展。20世纪80年代，被流放的沙特什叶派分子在国际上发起了反沙特的运动，他们表示沙特政府在1979年和80年代初东部省的动乱之后一直在压制什叶派。伊朗的伊斯兰革命与两伊战争使什叶派的主张更加丰富，最积极阐述其立场的组织是伊斯兰革命组织（Organization of the Islamic Revolution），后改名为改革运动（Reform Movement）。该组织在德黑兰设有办事处，并在伦敦出版了一种名为《阿拉伯半岛》的月刊，广泛而深入地批评沙特政府的政策（Al‑Rasheed，1998：125‑130）。当时，什叶派反对派主要批评沙特政府及其对什叶派的镇压行为。

　　然而，20世纪80年代后期与90年代初，沙特社会舆论发生了变化。什叶派穆斯林和伊朗都受到当时一些颇有影响力的伊斯兰激进分子的攻击，其中的一名激进分子是谢赫阿卜杜拉·吉布林（Shaikh Abdallah al-Jibrin），他是"劝诫备忘录"的签署者之一，也是保卫合法权利委员会的创建者之一。他在发布的一份法特瓦中声称什叶派是异教徒，因而杀死他们也不涉及犯罪（Fandy 1999：206）。吉布林是伊夫塔委员会的成员，拥有极高的社会地位，因而他的声明产生了相当大的影响。萨法尔·哈瓦里在有关什叶派的讲座中表示什叶派与逊尼派是不相容的，什叶派包含了许多伊斯兰宗教创立之前琐罗亚斯德教以及基督教和犹太教的一些要素。萨勒曼·奥达哈也批判了什叶派的宗教基础。此外，政府投入大量资源用于东部省的社会和经济发展，试图消除引起民众不满的物质基础。因此，沙特的什叶派同以前相比，更易于寻求政府的保护。相反，政府在面对激进的逊尼派反对派的时候，需要寻求新的支持。1996 年 8 月，沙特伊斯兰改革运动与政府达成初步协议，政府释放监狱中的什叶派囚犯，并将重新审核 2000 名什叶派人士的旅行禁令，向那些想求助于沙特的什叶派流亡者发放护照，什叶派社区将被允许举行文化和宗教活动（经允许引入关于什叶派的书籍，该协议将删除官方文件中关于什叶派社区的负面说法，并承认什叶派是伊斯兰教的一个教派）（Galindo，2001：228）。

沙特什叶派最杰出的宗教人物谢赫哈桑·萨法尔（Shaikh Hasan al-Saffar）所阐述的宗教思想进一步让什叶派认识到了通过强调保障人权而获得保护的重要性。萨法尔从 20 世纪 80 年代末开始提出的思想与其对伊斯兰教本身的深度解读密切相关。他的思想强调伊斯兰教与民主的兼容性。他于 1990 年出版了一本非常有影响力的著作——《伊斯兰教中的多元主义与自由》（*Pluralism and Freedom in Islam*）。虽然萨法尔不赞成西方形式的自由主义，但他主张应承认多元主义，不同社会群体之间的关系应以容忍和开放为基础，多元主义和信仰自由应是伊斯兰社会的基础。他从宗教和思想两个方面谴责了排外心理，强调言论自由的必要性，认为民众应有参与政治的空间，国家与社会应承认平等的公民身份，以及在个人宗教生活与国家需要之间划出以伊斯兰为基础的界限。他认为有自治组织的公民社会是构建人民与国家之间良好关系的基础（Fandy，1999：210 - 211）。

正是萨法尔为1996年沙特伊斯兰改革运动和沙特政府达成最终协议奠定了基础。他在发表的一份声明中指出，政府与什叶派之间展开对话会产生积极影响。在随后的几年中谈判一直在进行，大多数时候是由沙特驻英国大使加齐·阿尔戈赛比（Ghazi Algosaibi）来推动，双方最终于1996年11月达成协议（Al - Rasheed，1998：136）。但什叶派的宗教和政治领导人与政府之间的关系并不是从此就风平浪静了，因为当沙特境内发生恐怖袭击时，内政部有时会给什叶派施压，而安全机构也迟迟不承认沙特王国面临的主要不稳定因素已经不再和居住在本国而与伊朗有联系的社区有关。1998年，一批什叶派穆斯林被捕，几个月后他们才被释放。尽管如此，什叶派运动仍持有自由主义的政治立场，享受着沙特政府的保护。1997年，萨法尔出版了一本新书——《祖国与公民身份》（*The Homeland and Citizenship*），受到了沙特媒体评论者的欢迎和赞赏（Fandy，1999：209）。

2003年和2004年，沙特国内的现代化主义者再次发起请愿运动，要求进行政治改革和扩大人权。这次运动的组织者被捕入狱，他们被指控鼓吹君主立宪制，在要求政治改革及质疑司法体系时使用了"西方话语"。该运动的三位核心人物都是学者，分别是马特鲁克·法利赫（Matruq Falih）、阿里·迪梅尼（Ali Dimaini）和阿卜杜拉·哈米德（Abdallah al–Hamid）。沙特媒体公开报道了这一事件的进展。2004年9月，当被告出庭时，被告的亲属及其支持者在法庭外举行和平抗议，在庭内进行声援抗议，法庭不得不休庭（SCCSRA，2005）。请愿书中提出的观点与哈桑·萨法尔的立场有相似之处。

在其他批评沙特政府的自由派中，需要提一下沙特流亡者在海外发起的人权运动组织。其中一些组织出现之后很快就消失了，它们主要通过网站发布有关沙特侵犯人权及当前事态发展的信息，因此很难评估这些组织在沙特公民中的受欢迎程度。

重塑政治体系和政府管理制度

如前所述，1990年11月，当沙特受到伊拉克占领科威特事件影响而出现动荡时，法赫德国王许诺要在沙特进行实质性的政治改革。当王国的社会稳定面临威胁时，这种政治改革的承诺并不新鲜，但这次鉴于美国在沙特有大量的驻军，民众有更多的理由相信政府会真的采取改革措施，改革的内容并非出人意料。长期以来，政府领导层对改革的承诺以及那些与政府有联系的现代化主义者对改革的呼吁，都集中在《政府基本法》的制定上，即对国家统治进行明确的界定，建立一个对所提出立法进行评议的协商会议，以及建立更系统的省级行政管理体系。1992年3月，改革方案正式公布，颁布了确定政府机构责任及管理实践的《政府基本法》、《协商会议法》以及《行省法》。

《政府基本法》、《协商会议法》与省级行政管理改革

《政府基本法》（简称《基本法》）一经公布，政府发言人就在淡化其改革性。与改革相反，该法的目标是限定和规范现有政府管理的过程。这是实际情况，但也很难将《基本法》看成政治改革的一部分。的确，在某些方面，该法重申了沙特王国一贯赖以运作的不变和保守的基础。《基本法》也不能被称为宪法，政府权力行使的界限既未做充分限定，也未做具体说明。而且，《基本法》把《古兰经》看成沙特的宪法。尽管如此，这份文件还是值得关注，因为它确实提供了沙特政治领导层如何看待政府管理的关键要素，对我们分析沙特政治统治的核心要素很有帮助。

《基本法》（根据 A/90 号王室敕令颁布）将沙特确定为一个以伊斯兰教为国教的伊斯兰国家。政府的体制是君主制，担任君主者从阿卜杜勒·阿齐兹·沙特国王的子孙后代中选出。国王通过王室敕令确定或废黜继承人。国王死后，指定的继承人接管政权，公民应向继承者宣誓效忠（bayah），"无论在困难时期还是和平时期都应忠诚于国王"，政府的权力"来自神圣的《古兰经》和先知'愿主福安之'的圣训，这些是《基本法》和国家其他法律的参考来源"。

该文件自始至终在强调奠定社会和经济组织基础的伊斯兰价值

观：家庭被视为沙特社会的核心，家庭应该在伊斯兰教教义的范畴
内发展；国家应该促进家庭发展和阿拉伯/伊斯兰价值的传播；教
育的目的在于灌输伊斯兰教的信仰和主人翁意识，资本和劳动力被
视为"沙特王国经济和社会实体"的基本组成部分，个人"根据
伊斯兰沙里亚法发挥其社会作用"；国家要保护伊斯兰教教义，落
实沙里亚法，劝善罚恶，并"负起宣扬伊斯兰教的责任"。这些内
容再次重申和明确了沙特政府的一贯追求和任务。

在权利和义务方面，该法特别强调国家有义务根据沙里亚法保
护人权，并通过就业及其他社会文化发展措施来提供物质和社会福
利。大众传媒要"使用文明礼貌的语言"，为民族教育和加强民族
团结作出贡献。《基本法》禁止那些会导致混乱和分裂、影响国家
安全以及破坏人们的尊严和权利的行为。外籍居民也必须遵守沙特
社会的价值观并尊重沙特传统。

《基本法》虽然描述了政府组织的核心运作方法，但是政府的
具体行为与组织被"法律具体规定"这一措辞一笔带过。该法规
定，政府的权力由司法、行政和组织三种权力构成，国王是最终裁
决者。尽管如此，司法机构仍被看作独立的。根据最高司法委员会
的提议，其成员都由国王任免，最高司法委员会的组成和活动将由
"法律具体规定"。首相一直由国王担任，大臣会议根据法律规定
来协助他履行职责。副首相和大臣以及副大臣和高级官员将由国王
任免。所有大臣和独立部门负责人的活动都要对首相（正常情况
下即国王）负责。国王的权力范围很广，从有权宣布国家进入紧
急状态到任免军官。《基本法》也有涉及管理沙特财政事务的
规定。

传统上，沙特王室有义务秉持开放、包容的态度。因而，《基本法》中有对这一历史传承的强调，规定国王及其继承人控制的各种委员会"应对所有公民，以及任何心怀不满、身负冤屈之人敞开大门"。然而，法律没有具体规定民众行使这一普适权利的流程。

《咨询委员会法》（A/91 号国王法令）及其附带的《委员会构成法》要比《基本法》略长，具体规定了协商会议发挥作用的范围。该法律的正当性源于《古兰经》中的一段话（"处理事务时要与他们协商"），而协商会议的建立被描述为是"遵守真主的指示和对伊斯兰法理渊源的坚持"。其成员由 60 名国王挑选的"专家学者"组成，协商会议主席、副主席和秘书长同样由国王来挑选。《协商会议法》规定协商会议的作用是就首相提交给会议的一般政策发表意见。协商会议可以评论的具体领域包括：一般的经济和社会发展计划；法律、法规、条约和国际协定；各部委和其他政府机构提交的年度报告。协商会议的决议将提交给首相，供大臣会议参考。

尽管《协商会议法》规定协商会议的作用在总体上是反应型的，但其也具备主动发挥作用的可能性。协商会议可以要求首相派任何一位政府官员出席会议，10 名及以上的协商会议成员可以提出颁布新法规的要求（或修改现行法规），并将其转交给国王。协商会议主席可请求将有关的政府文件交给国王。专门设立的委员会将涵盖涉及协商会议利益的某些特定领域，并有权邀请非协商会议的成员加入。

《协商会议法》详细规定了协商会议的运作程序。其中有规定指出，主席要求成员发言的决定应考虑"其请求发言的顺序及其与富有成果的辩论之间的相关性"；并规定，除非主席同意，任何成员就某一议题的发言不得超过 10 分钟。如果某议员违背了自己的职责，他可能会受到书面训斥、扣除一个月的工资甚至免去成员资格的惩罚。这些规定的制定表明了政府当局的紧张和担心，担心一旦批评之门打开就会释放出无法控制的洪流来。然而，由于成员由国王任命，在会议之外他们没有任何的权力，因而会议权力发展的可能性相当有限。

《行省法》（A/92 号王室敕令）将省长的现行职责和政府工作流程明确化，并将省议会引入现行的体制之中。省议会由 10 名在"知识、专长方面"足以参与省议会的当地人士组成。省议会的成员需经由省长推荐，内政部批准，最后由首相任命。就法律规定来说，省议会发挥的作用要比协商会议大得多。省议会可以决定该省的发展方向，按优先次序排列这些项目，然后建议将这些项目纳入国家发展计划中。省议会成员要分析全省城乡布局，一旦这些计划被采纳，他们就要实施这些变革。然而，省议会的成员既包括 10 名地方代表，同时也包括许多政府的代表（包括省长），因此地方代表在省议会之中常常是代表少数派的立场。

同《咨询委员会法》一样，《行省法》也高度重视权利和义务之间的关系。《行省法》的初稿提出，在伊斯兰沙里亚法的框架内保障公民的权利和自由是必要的。然而，该法的一项条款规定，内政部有权宣布省议会的决议不属于省议会的权力范围，从而宣布该决议无效。这清楚地表明，中央政府对省议会如何进行辩论，仍持谨慎态度。

协商会议与省议会的运行与发展

同时代的一些评论员认为，协商会议与省议会的引入是中央和地方走向代议制政府的第一步。从某种意义上说，正在创建的协商会议制度有可能会转变为代议制机构，否则，我们在这里分析这一机构就没什么价值了。但是无论是在省议会还是协商会议中，其成员在任何表述中，都不是代表本地区利益的。的确，法律规定这些机构的成员应当"秉持公正"，而不应当提出任何为私人利益服务的事务，但这一规定实际上恰恰表明其与真正的代议制没有联系。

事实上，新颁布的法律反而使沙特失去了变革其政治体制基础的机会。沙特需要向这样一种政治体制迈进，即在这种体制下，人们可以公开讨论不同的激进政治发展方向，持特别政治观点者可以并且需要进行公开辩论，以寻求支持，全国和地方协商会议能体现不同政治思想之间的竞争与平衡。这种发展毫无疑问是极具争议性的，并且在短期内社会主流也毫无疑问地将依然会是伊斯兰主义的，但它会培育一种更为复杂精妙的公民社会。政治权利作为伊斯兰主义者和现代化主义者的"共同语言"，可以成为对话的载体。沙特王室在国家石油依赖型资源的支持下，其自身的实力和中央集权足以遏制政治竞争中固有的各种问题。政治竞争并不会削弱对沙特家族合法性至关重要的国家宗教基础，恰恰相反，政治竞争会进一步加强这一基础。

然而，协商会议和省议会在其他方面确实还是有一定价值的。这些机构的存在拓宽了国家和省级政策的来源渠道，并使这些政策（通过直播协商会议的议程以及媒体对议题的报道）成为公众讨论的焦点，一些曾经被边缘化或者被排斥在决策之外的沙特精英可以参与到政策决策的过程中来。沙特政府发言人曾经指出，协商会议的成员同世界其他地方代议制机构中的代表相比更符合任职标准：他们有着更广泛的专业视野和更渊博的专业知识，的确，相当多的协商会议成员都拥有博士学位。然而，这反而反映出其不具代表性的特征，同时也反映出政府的立法和政策得益于专家建议和严格审查。1997 年 7 月，协商会议成员数量从 60 人增加到 90 人，2001 年 5 月，成员人数又进一步增加到 120 人。因此，从向政府提供更多的专家建议这个角度来说，协商会议的价值得以进一步彰显。

这些机构，随着沙特王国又一次面临诸如 "9·11" 事件、伊拉克战争以及愈演愈烈的国内恐怖主义活动对王国稳定构成新威胁时，才出现了转变为代议机构的可能性。这种可能性只局限在省议会的层面，并没有涵盖全国级别的协商会议。阿卜杜拉王储 2002 年宣布，省议会的地方代表将来由选举产生，这部分成员应该占到地方议会成员总数的 50%。虽然这一决定的实施非常缓慢，预定的选举日期不断推迟，但选举最终还是于 2005 年 2 月举行。有迹象表明，妇女和男子都能参加选举，也都有权投票，但由于 "难以做出实际安排，妇女参与选举是不可能的"。政府有关自治政治组织的禁令没有解除，所以候选人也无法以个人名义参与竞选。然而许多评论认为，支持伊斯兰主义观点的候选人在这次选举中表现良好。毫无疑问，走向代议制的举措具有一定的进步意义，但该体制仍远远无法满足以动员起来的舆论和利益交锋为基础的政治竞争。

有关改革的讨论以及沙特王室内部的权力斗争

长期以来，王室内部关于如何进行政治改革都存在分歧。正如在第一章中所述，20世纪50年代末60年代初王室内部的分裂非常严重，以致王室家族的一部分成员避居国外。20世纪60年代中期王室内部不同派别达成和解后，一直到20世纪90年代后期的这段时间里，王室内部都没有表现出太明显的分歧。因此，虽然本节所涉及的讨论涵盖了20世纪90年代后期和21世纪初的整个时间段，但还是要在历史语境中寻找分歧的根源。

将有关改革的讨论与王室内部的权力斗争区分开来是不可能的。改革问题是派别斗争的一个方面，然而有时我们并不清楚王室家族成员所持有的改革立场是代表其真正的改革愿望，还是为了王室家族内部权力的制衡。

西方观察家易于将王室中亲西方的趋势与政治改革方向混为一谈，认为那些举止西方化、支持西方社会的行为方式以及同美国建立亲密关系的王室成员更有可能成为政治民主化的支持者。然而，这种假设可能是错误的。例如，在当前沙特王室内部的分歧中，阿卜杜拉国王常被看作代表王室家族中更保守的一方，更倾向于支持伊斯兰传统和部落体制、伊斯兰价值观和阿拉伯民族主义，不大支持与美国建立关系（Kechichian，2001）。由于这些原因，人们认为他不太愿意开放政治体制，从而使政府更具代表性。另外，"苏德里七兄弟"（Sudairi Seven），即法赫德国王的同母七兄弟，其中最有名的是国防大臣苏尔坦亲王、内政大臣纳伊夫亲王和利雅得省省长萨勒曼亲王，他们的立场与阿卜杜拉国王相左。他们被认为对西方社会风俗较为宽容，支持沙特同美国之间建立亲密关系，较少受到传统伊斯兰和部落风俗的影响，并急切想让沙特融入全球经济中。由于所有这些原因，他们被视为沙特建立宪政民主制度的支持者。

然而事实恰好与此相反。近年来，沙特王室内部要求建立更具代表性政治制度的压力主要来自阿卜杜拉王储（后来的国王）和那些与他关系最密切的王子。值得注意的是，正在进行的王室权力斗争中，一些与王储关系最密切的王子曾经是 20 世纪 60 年代早期的"自由亲王运动"的部分成员。塔拉勒·本·阿卜杜勒·阿齐兹亲王虽无官方职务，但仍有较大影响，纳瓦夫亲王是情报部门的负责人（2002～2005 年），他们都属于这一类。重要的是，塔拉勒亲王是唯一一位一贯通过著书立说支持沙特建立宪政民主制以及通过竞争性选举进入政府的高级王公。

沙特王室内部支持自由派政治改革的另一支重要力量是费萨尔国王的儿子们，其中包括外交大臣沙特亲王（Prince Su'ud）、前情报部门负责人、时任沙特驻美国大使图尔基亲王（Prince Turki）以及阿西尔省省长哈立德亲王（Prince Khalid）。据报道，他们在 1991 年联合递交了一份要求政治改革的请愿书，并随后的几年中一直坚持这一路线。

"苏德里七兄弟"的关键成员，尤其是纳伊夫亲王，倾向于从安全而不是从扩大代议制角度来看待沙特政治体制的变革。纳伊夫亲王淡化政治改革，坚持认为沙特的首要任务是战胜王国面临的恐怖主义威胁。有报道称，纳伊夫亲王和"苏德里七兄弟"中的一些成员反对在省议会中引入选举制，理由是这样的举动可能会破坏沙特的稳定。阿卜杜拉虽然是王储，但是对选举进展缓慢很不满。据报道，他认为体制内有人故意在阻碍变革。

阿卜杜拉还是王储的时候，他推动政治改革的能力还是有限的。1995年，根据《基本法》的规定，他开始代替法赫德国王行使权力。该法律条款规定，国王有权"通过国王的法令将自己的部分权力授权给王储"，此后，他的权力进一步扩大。法赫德国王日渐无法对沙特国内事务施加影响。据报道，法赫德国王长期无法集中精力处理政府事务。尽管如此，阿卜杜拉现在的权力还是无法与作为沙特国王的他相提并论，所有重要的王室法令和所有主要的政策决定仍得由国王签署。因此，对于那些挫败王储所推行政策的人来说，利用法赫德的地位来阻止新政实施的阴谋活动是可行的。法赫德国王的愿望通常都是通过亲近他的王子，主要是由他的儿子阿卜杜勒·阿齐兹来传达，这位国王的守护者自然也有自己的一套小算盘。

此外，"苏德里七兄弟"及其他与他们结盟的亲王身居政府要职，这进一步动摇了阿卜杜拉王储的地位。"苏德里七兄弟"通过纳伊夫亲王控制了内政部，通过苏尔坦亲王控制了国防部，这意味着阿卜杜拉王储对负责国家内部和外部安全的两个关键部门的影响是有限的。虽然他仍然控制着一个平行的安全机构，即国民卫队，并在情报部门拥有盟友，但这只带来了权力平衡，并不拥有能够影响国家安全政策的决定性权力。

不过在阿卜杜拉成为国王之后，他的影响力自然有了显著提升。而且阿卜杜拉国王的权力，远不是其先王们可相比的。《基本法》规定，国王不仅有权指定自己的继承人，而且只要国王愿意，甚至有权改变王位继承顺序。阿卜杜拉国王上台后不久就指定苏尔坦亲王为王储，从中可以看出苏尔坦亲王在阿卜杜拉国王心中的地位非比寻常。《基本法》不适用于还是王储时的阿卜杜拉，因为他的任命发生在法律生效之前。此外，阿卜杜拉国王的地位因他个人的声誉而进一步稳固。人们认为他正直和勤政，并不谋求为其直系亲属扩大经济利益或为其子女在政府中谋取官职。谢拉夫·萨布里在其关于王室成员之间经济联系的著作中指出，相对于王室其他成员拥有的财产来说，阿卜杜拉国王的儿子占有的财产是微不足道的（Sabri，2001：95-97）。他的虔诚也赢得了人们的尊敬。相比之下，"苏德里七兄弟"的一些成员被认为过于渴望追求自己的利益，因为他们利用自身政治影响力来提高金融投资的回报率。

有些学者认为当前政治领导层的变化没有多大意义，老一辈人（阿卜杜勒·阿齐兹的儿子们）立场的改变不会带来真正的改革。他们声称，问题主要是王权将如何传接给王室中的新一代，以及王位继承是否可能会跳过一代人，从而给国家领导层带来新的思维。代际继承无疑是重要的，但君主的年龄和特点可能并不是未来最关键的因素。本书结论中将会指出，更关键的问题还是在于如何让政治权力负责任地运行。因此，我们与其关注王室内部不断变化的权力平衡，还不如关注政府权力在新体制中有效运转的过程。

结　论

　　本章所涉及的这一历史时期囊括了沙特政府面临的两场危机，一次发生在这一阶段开始时，另一次发生在这一阶段结束时。两次危机都与国内和国际环境给沙特带来的挑战有关，与来自政府机构内部的冲突或分裂关系不大。在某种程度上，每一次的危机和挑战都是由政府推行的政策造成的。为了应对 1979～1980 年的危机，政府在一定范围内重新调整政策，赋予宗教领袖更多的权力，加强与美国的联盟。20 世纪 80 年代事态的发展似乎表明了这一战略的合理性。沙特政府在意识形态/宗教方面合法性上强调的深化是与应对国外激进的世俗主义以及和美国结盟的国际政策相一致的。然而，海湾战争和冷战结束后，沙特国内政策与国际政策之间的不协调日益显露，这一问题在"9·11"事件和伊拉克战争结束后达到了顶峰。虽说改革并未在实质上改变国家与民众之间的关系，沙特也没能建立向民众负责的政府，但它确实引入了政治改革。这些变革对未来沙特的意义将在本书结论中加以分析。

第四章　经济改革面临的挑战

导　言

本章探讨的重点是沙特的经济改革：发展获得的成就及其面临的挑战。本章旨在以范式分析的方式说明，为满足国民的需求，国家需要何种类型的改革。

在分析经济发展成果前，我们需要考虑一下改革的概念以及这一概念如何被应用到分析沙特的经济中。大多数观察者是从"华盛顿共识"的角度来分析这个问题的——这一共识包括总部设在华盛顿的国际金融机构以及它们所推动的一揽子改革（IMF，1999）。"华盛顿共识"的重点是财政规制、税制改革、贸易自由化、私有化、去管制化、竞争性汇率、鼓励投资（特别是外国投资），以及将公共支出向高回报产业的再分配。这一方法给国家发展开出的总处方是，国家不应直接参与生产过程。这一方法中实际上有一种趋势，即把国家看成经济发展中所面临困境的一部分，而不是解决问题的一个方面。

　　本章的一个重要内容是关于沙特在"华盛顿共识"范围内进行改革所取得的成就（或者不足）。然而，我们在这里要提出的观点是，这些改革只是解决了沙特经济所面临的部分问题，确保经济有效增长所需的重要改革与国家干预经济并不相悖。相反，国家需要更加积极地参与到沙特经济生活的塑造之中。

　　我们的分析必须首先着眼于那些目前尚无法满足国民需求的经济部门，这将成为评价所需改革的特征以及国家在推动这些改革中所扮演角色的出发点。有人指出，沙特的经济及其管理中，当前有四个主要领域未能使国民满意。接下来我们就要分析这些存在问题的领域。

　　我们还要注意到，这里提到的问题不应抹杀沙特在应对经济发展问题时所展现出来的能力。沙特拥有约 2600 亿桶的已探明的石油储量，230 万亿立方米的天然气储量，以及丰富的矿产资源（铝、黄金等）。沙特个人与公司所持有至少 6500 亿美元的海外资产，有人估计这一数字高达 1 万亿美元（*Arab News*：11. 11. 04）。沙特还拥有较高的储蓄率和比较发达的基础设施（Zahid, 2004）。沙特还是中东地区除了土耳其和伊朗之外，国内生产总值最高的国家。

现有经济发展不充分的领域

就业前景

　　在一个有大量外籍劳工存在的经济体系中，沙特公民的失业率是一个主要的经济发展问题。20 世纪 90 年代以前，石油收入使政府有足够的资源，通过隐性的社会契约来掩盖沙特公民的失业问题。在这一契约下，沙特公民至少在政府机构中有一份工作。通过这种方式提供的许多就业岗位实际上都是闲职，因此，有相当一部分沙特公民在政府机构中就业（KSA - CDS, 2005）。

2002 年，沙特政府首次公布就业和劳动力数据。根据 1999 年底收集的数据，总体失业率（男性和女性）估计是 8.1%，沙特男性失业率为 6.8%，女性失业率为 15.8%（SAMBA, 2002：1）。2004 年 7 月，根据 2002 年收集的数据，沙特失业人数总数为 30 万人，占全部劳动力的 9.6%。其中，男性失业率为 7.6%，女性失业率为 21.7%（KSA - CDS, 2005）。

然而，上文所给出的数据并未提供沙特人就业和失业的准确分析。与这些统计数据相关的是，"可雇用的劳动力"只包括沙特人口中相对较少的一部分。根据沙特中央统计局的数据，只有 19% 的沙特人口（占适龄劳动人口的 35.3%）是劳动力的一部分。沙特是世界上人口就业参与率最低的国家，而中东其他国家的平均参与率为 33%，欧洲则为 45%，造成这一现象的部分原因是女性就业率较低。2002 年的数据表明，15 岁以上沙特女性人口的就业率只有 6.6%（KSA - CDS, 2005）。数据也表明，由于残疾或者其他不明原因，大量男性人口也没有成为可雇用的劳动力，大约有308389 人属于这一类，占沙特 15 岁以上男性人口的 6.7%（KSA - CDS, 2005）。

较低的人口就业参与率表明，在那些统计中没有被列入"可以工作"的人当中（他们因而会出现在就业/失业表中），有许多人只要有条件合适的工作机会，他们还是愿意工作的，至少是可以就业的。那么为什么这些沙特人并没有加入劳动大军呢？原因是多方面的。众所周知，文化是影响妇女进入劳动力市场的重要因素。即使妇女有就业机会，她们的平均工资也差不多是同等教育水平的男性的一半。实际上，同等教育水平下，男性薪水超出女性薪水的额度会因教育层次的不同而差异较大。对于那些拥有大学学士学位的人来说，男性薪水比女性薪水多33.3%。而对于那些拥有硕士学位的人来说，男女之间的薪酬待遇差别不大（KSA－CDS，2005）。

此外，沙特王国目前可提供的就业机会中，很大一部分是沙特公民不愿意或没有资格从事的工作。外籍劳工有500万～600万人（WMO，2003：305）。看起来沙特人有大量的工作可做，然而，大约有一半的外籍劳工是在从事沙特人不愿意去做的家政工作（女佣、司机等），剩下的许多工作需要技术或职业专长，而沙特人很少有人接受过这方面的培训（部分原因是他们不愿意）。例如，2004年底，沙特有54000个护理工作岗位，但只有1000名沙特人从事这份工作（Migration Policy Institute，2005）。沙特的大学和学院现在正在培养大批具有专业技术资格的人才，但这并不能够满足沙特经济发展的需要，尤其是私营部门发展的需要。

即使沙特人有正式任职资格，也为工作做好了准备，但他们并不一定就能就业。聘用沙特劳动力要比使用国际劳动力/外籍劳工成本高得多。这种结果的出现并不是由于有明确的法律规定，而是人们认为私营部门聘用的沙特劳工应该享有与公共部门职员一样的待遇。2002年，沙特的就业统计数据显示，要求中学学历以上的工作岗位中，沙特人的平均月工资大约是同等条件下外籍劳工的3

倍；对于具有大学学历的人，沙特人的工资大约是外籍劳工的 2 倍（SAMBA，2002：5）。沙特劳工还受益于有极强约束力的有关解雇和裁员的合同约定，并且比外籍劳工更难管理。因此，政府要求私营部门中用沙特劳工取代外籍劳工的政策实际上难以推行。近年来，政府一直在推动沙特化政策，要求私营公司雇用的沙特本土劳动力的数量以每年 5% 的速度增长，并要求一些经济领域应当禁止雇用外籍劳工（比如旅游公司和黄金市场）。这一战略实际上与雇主的经济利益相冲突，所以这项战略未能取得实效也就不会令人感到惊讶了。

正是由于这样的原因，一些评论者提供的沙特失业率数据要比政府提供的数据高得多。然而，鉴于对那些可能会去工作的人的统计肯定不准确，因而这些数据不可避免地会有很大差异。美国能源信息管理局估计，沙特的失业率为 15% ~ 20%（US - EIA，2004a）；中情局在 2003 年的《世界概况》（*World Fact Book*）中估计沙特的失业率为 25%（US - CIA，2004）；一些沙特提供的数据表明，失业率数字可能高达 30%（EIU，2004：22）。综合来看，沙特的失业率为 15% ~ 20% 可能是比较实际的。

人口和劳动力增长的长期发展趋势表明，沙特失业问题注定将变得越来越严重。20 世纪八九十年代，沙特人口以每年 3.9% 的速度增长，是世界人口增长率较高的国家之一（World Bank，2004：40）。尽管 2002 ~ 2015 年，人口增长率有望降至 2.6%，但从数量上看仍然相当可观。美国人口普查局估计，沙特的人口在 2003 ~ 2050 年将翻一番，从 2400 万人增加到 5000 万人（US - CB，2004）。这些数据包括居住在沙特的非沙特籍居民，但是在总人口中非沙特籍人口的绝对数量和比例都有望下降。正如人们所预料的，沙特人口的主要增长群体是年轻人，现在大约 70% 的人口在 30 岁以下。因此，可雇用的沙特劳动力的增长速度甚至快于人口的增长速度。沙特政府在第七个发展计划中估计，到 2020 年，可雇用的劳动力将每年增长约 4.7%（每年新增 255000 名工人）。2000~2002 年，公共和私营部门总共提供的就业岗位每年增加不会超过 9 万个，只吸纳了当时劳动力市场中求职者的一半（SAMBA，2002：3）。此外，沙特政府在对第七个发展计划中的就业估计可能是不足的，因为妇女有可能表现出更强的求职欲望，所以如果要满足国民的就业需求，沙特就需要进一步提高经济发展的水平。

高失业率是沙特政治和经济发展的重要问题之一。尽管人口低龄化及人口增长可能是重要的经济资源，但只有在这些新的劳动者能够就业的前提下，这种潜在的资源才有价值。否则，社会中会滋生政治不满。从宏观经济学的角度来看，高失业率将抑制 GDP 的增长。高失业率和人均收入的下降将进一步影响储蓄水平。目前，外籍劳工汇款对沙特国际收支的负面影响每年约为 160 亿美元（US‐E，2004：15）。此外，这一因素会减少国内的私人消费，消减发展支出所带来的乘数效应。

经济发展中报酬分配的公平性

考虑公平的重要性取决于人们的认识：人们是否认为分配是公平的。目前，沙特民众通过宗教和世俗的话语表达出来的观点是，人们普遍认为分配是不公平的。在一个石油收入如此高的国家里，贫困问题的出现似乎是反常的。重要的是，改革者在 2003 年向阿卜杜拉王储提交的国家改革请愿书中，前三点就涉及腐败和经济不平等问题。

国家改革请愿书要求政府：

（1）在经济规划中贯彻公平理念，在不同区域间分配财富。

（2）在打击腐败，防止贿赂和征用公共土地扩大的同时，限制公共支出并确定支出的优先顺序。

（3）加强、扩大监督与审计机构的权力，例如公共监督理事会的权力，并将其与协商会议联系起来（*Arab Gateway*, 2004）。

国家改革请愿书中的问题部分在于一般意义上的不平等：既得利益者和未得利益者之间有无法弥补的鸿沟。没有统计证据可以证明这种不平等，但从随机的观察中还是可以看到这种鸿沟的存在。然而，国家改革请愿书提出的要求清楚表明，问题并不仅限于此。有人提出，各个层面的不平等源于接近政府决策中心的不平等和不公平。那些接近权力中心的人（尤其是王室家族）通常能获取丰厚的经济收益，利用他们的地位阻止其他人从中受益。达里尔·钱皮恩（Daryl Champion）把王室家族成员在私营经济部门中日渐发挥主导作用的现象看成一种截然不同的裙带资本主义，将其称为部族资本主义（Champion, 2003：10 - 12）。谢拉夫·萨布里的研究记录了沙特王室成员参与私营经济活动的规模（Sabri, 2001）。

不平等现象的出现往往与对政府腐败的指控相联系，在被指控的腐败中，关键的经济决策发布是那些担任行政职务的人收到了"报酬"。透明国际 2004 年发布的廉政指数（TI, 2004）指出，沙特的腐败数据实际上是相对不高的。尽管沙特王国的腐败程度要高于海湾阿拉伯国家合作委员会（简称"海合会"）中的其他国家，但其腐败程度在全球处于中游，接近波兰，并且远高于其他一些阿拉伯国家（如埃及、阿尔及利亚和摩洛哥）。尽管如此，在沙特的制度体系中，代理委员会所起的作用往往难以与贿赂分开。虽说法律规定代理委员会最高只能抽取合同金额的5%，但在有些已知的案件中，代理委员会获得的报酬远远超出了这一限度，这类机构并未因此而被起诉。沙特政府官员所承受的压力也应该引起重视，透明国际报告指出，国际上贿赂最有可能发生的活动领域是公共事业、国防以及石油和天然气，这些都是沙特政府合同中重点关注的领域。此外，在透明国际发布的行贿者指数中，在那些被视为"可能支付或提供贿赂"的公司名单上，沙特的一些主要贸易伙伴赫然在列（TI，2002）。

社会保障和基础设施建设的发展

沙特政府在过去30年中将大量资金投入社会保障和基础设施建设上，那么基础设施如果仍存在大量问题就是一件令人不可思议的事情了，但现实确实如此。历史上，沙特基础设施的一些投资方向有误，导致一批重点领域的投资不足。为满足人口不断增长和经济发展的需求，政府还需要在基础设施建设上增加新的投资。

就基础设施建设而言，最近的一份报告指出，未来20年，电力、电信、石化、石油和天然气以及供水和排污等领域总共需要2670亿美元的投资（NCB，2004），目前基础设施方面的公共支出水平只能满足其中的一小部分。2004年，政府预算中用于基础设施建设的拨款只有151亿里亚尔，占总支出的6.5%。

沙特社会基础设施建设（卫生、教育和福利服务）所需的资金也要增加。政府在教育方面的开支相当大，2004 年，预算中教育拨款为 637 亿里亚尔（170 亿美元），占总预算的 25% 左右。尽管如此，来自私营部门的数据表明，沙特的毕业生仍不能满足私营部门的需求。此外，沙特最大的需求可能是职业教育（职前、职中和职后）而不是通识教育所培养出的人才。如果沙特要减少对外籍劳工的依赖，政府就必须在培训、设施和规章方面提供支持，以便让更多的女性进入劳动市场。在卫生领域，尽管沙特政府耗费巨大，但儿童和成人死亡率仍然大大高于海合会的大多数国家，仅与约旦和叙利亚等条件较差的阿拉伯国家相当（WHO, 2005）。至于福利的提供，目前政府提供的大部分补贴无法涵盖社会上最需要帮助的群体。

为满足这些需求，政府既要大量吸引比目前进入该国更多的私人投资，也要大幅增加关键领域的公共部门的支出。前者要求沙特采取吸引外资的政策，同时鼓励沙特公民在本国投资，而不是将资产投入海外市场；后者调整现有的公共资金分配，同时也需要通过税收增加新的（目前尚不存在的）收入。近年来，国家总预算的 45% ~ 50%（2004 年为 48.2%）用于"直接政府活动"——这是沙特预算中相当不透明的一部分，其中主要是国防开支。政府不应该指望增加石油收入来提供新投资所需的资金，因为石油收入是不确定的，而且很大一部分石油新收入需要投入"未来几代人的发展资金"中，投入国家未来发展不依赖石油的产业中（见下文）。

保障经济长期持续发展的经济结构

当前政策在两个方面无法实现保障经济发展的目标。这两方面都与要为石油产量下降的未雨绸缪有关。第一，沙特需要持有大量的海外资产以提供足够的投资收入，从而在石油收入下降时能起到缓冲的作用。截至 2004 年底，沙特的外汇储备水平已经明显低于 20 世纪 70 年代后半期和 20 世纪 80 年代。此前，这一储备一度达到了 1200 亿美元的高峰，而在海湾战争之后开始大幅下降，到 2004 年，沙特的外汇储备规模约为 680 亿美元（US－E，2004：2）。虽然 2004 年这一数值已经高于 20 世纪 90 年代中期储备严重下滑时的 300 亿美元，但沙特在发展能够维持石油资源枯竭之后经济发展的"未来发展基金"方面，其进展并不显著。实际上，沙特的个人企业家一直通过海外投资来确保其长期的经济地位。据估计，2004 年底沙特私人资本在海外的投资至少有 6500 亿美元。如此大量的私人资本投资对个人来说很重要，但大量私人资本投向海外则必然意味着国内投资的减少。

第二，尽管政府想让经济多样化发展，但其所取得的成就仍然有限。如果石油经济和 20 世纪 70 年代中期一样，占外贸收入的 90%～95%、财政预算的 75% 以及 GDP 的 35%～40% 的话，这一以石油为主导地位的状况会带来的显著影响之一就是人均收入的下降：国内生产总值的增长未能跟上人口增长的步伐。1981 年，沙特人均年收入达到了 28600 美元的顶峰，但到了 2004 年，则滑落到 9000 美元。这是因为，过度依赖以油气为基础的出口不仅会给经济的长期发展带来问题，还会导致就业岗位的匮乏。油气行业需要的工人数量相对较少，仅占全部劳动力的 2%。实际上，石油收入的很大一部分被用于国有部门聘用沙特公民，其工资往往是与他们所从事的工作不相称的。除此之外，经济多样化还有助于在全球油价疲软时，抑制经济的下滑。

2000年之前沙特的经济改革

自20世纪70年代石油产业繁荣以来，沙特经济一直由政府主导：沙特经济增长的主要动力是石油收入和政府对石油收入的支配。然而，随着20世纪80年代石油价格的下跌，沙特政府开始促进经济自由化，特别是要降低国家在经济发展中的作用。但是，改革进展却非常缓慢：这些措施大多是不切实际的，而且改革举措的执行力度往往也是打了折扣的。

沙特政府从三个方面来推动经济自由化，或者说减弱政府对经济的干预：减少补贴、推进国有企业私有化和申请加入世界贸易组织。第一步就是削减政府补贴规模。尽管政府削减补贴的尝试在20世纪90年代还只是初见端倪，但是其确实已经开始迈入正轨（Malik，1999：132）。国际货币基金组织发现，在1981/1982年至1993年，沙特政府补贴和资产转让占GDP的2.9%，而1994～1997年沙特政府补贴和资产转让平均只占GDP的1.2%（*MEED*：15.1.1999）。政府在1995年的预算方案中提出了增加新收入和减少补贴的措施，提高了签证、许可证、石油产品、水、电、机票和电话的费用（*MEED*：15.1.1999）。这是沙特这类服务费用的首次大幅提高，也是在世界银行和国际货币基金组织的建议下，实施削减政府补贴的第一步。然而，令国际货币基金组织感到失望的是，20世纪90年代后期，沙特政府在财政预算领域，并没有采取新措施来开源节流（IMF，2001）。1998 年，沙特政府采取了一些包括提高国内航线头等舱和商务舱的机票价格、对国际旅行征收离境税以及调整电价在内的温和改革措施（*MEED*：15.1.1999）。

第二步，沙特政府逐渐推动国有企业的私有化。主要的改革形式是为私有化提供合理的框架，而非真正让国有企业私有化。1997年 8 月 6 日，沙特政府启动了这一计划，当时大臣会议发布了一项"决议"，明确了以私有化来提高国家经济效率，增强经济竞争力的八个目标。这些目标包括：鼓励私营部门投资、扩大沙特公民的生产性资产、鼓励国内外资本在本地的投资、增加就业机会、为公民和投资者提供服务、公共开支合理化、减少政府的预算负担、增加政府收入（KSA－CM，1997）。这些目标以及为完成这些目标所设计的政策确实是经过深思熟虑的，但拟定的使这些政策能够落地的详细法律框架迟迟没有出现。国际货币基金组织 1999 年底指出，沙特私有化的法律框架以及推进私有化的详细步骤仍在拟定之中（IMF，1999：26）。

不过，政府还是采取了一些切实可行的措施来减少国家对经济的控制。政府投资机构——公共投资基金（PIF）为私有化提供案例研究、评估资产并制定重组方案（Malik，1999：130）。被调查和评估的主要公司有沙特航空公司（SAUDIA）和沙特矿业公司（MAADEN）。

作为私有化的第一阶段，一些先前属于政府机构管理范围内的事务被转移到私营企业手中，不过政府仍持有这些企业 100% 的股份。1997 年 12 月，大臣会议决定，除那些涉及邮政、电报与电信产业部监管的业务及部分邮政补贴业务外，邮政、电报与电信产业部的所有业务经拆分后重组为一个独立的公司，并将伺机出售给私人投资者（FT：8.5.98）。同年，沙特港务局的管理权移交给了一家私营公司（Malik，1999：131）。1998 年，大臣会议通过了成立沙特电信公司（STC）的决议，该公司将接管沙特的电话和电报业务（SAMA，1998：65）。政府还宣布了将十家地区电力公司合并组成沙特电力公司（SEC）的计划，以此作为电力行业私有化的第一步（*Arab News*：1.12.98）。地方政府也把注意力转向私有化，为了节省开支把一些设施的运营承包了出去（*MEED*：27.11.98）。例如吉达市政府就把水果批发和蔬菜市场的运营权承包了出去。

作为经济改革的第三步，沙特政府表示自己有兴趣加入世界贸易组织。1993 年，沙特第一次向关贸总协定（GATT，世贸组织的前身）递交了入会申请。同年，关贸总协定组建了审查沙特入会的工作组，然而工作组的第一次圆桌讨论直到 1996 年 5 月才召开，讨论内容主要为货物贸易。

1996 年 11 月，第二次圆桌讨论举行，讨论的重点是服务贸易和知识产权（Malik，1999：133）。在随后的三年中，工作组又举行了五次会议。这些会议主要旨在确定沙特可能入会的条件。然而沙特未能在经济政策和实践中推行满足这些条件的重大改革。

2000年以来的经济改革：体制与机制

以下各部分将着重介绍沙特政府自 2000 年以来在"华盛顿共识"的框架内所进行的改革。这些年来，沙特经济改革的动力尤其强劲，但核心问题是，这些措施是否有效地解决了前面"现有经济发展不充分的领域"一节中所总结的问题，是否为沙特的发展奠定了坚实的基础。

沙特近期改革措施的自相矛盾表现在，这些措施是在当前财政压力低于过往的情况下提出的。特别是自 2003 年初以来，高油价意味着推动经济改革的直接经济动力——需要通过降低成本来平衡预算——已大大被削弱了。2005 年 6 月，布伦特原油价格达到每桶 60 美元，而 1996 年时则低至每桶 10 美元，沙特政府已经拥有了避免结构性改革的资源。在 GDP 方面，2003 年，沙特 GDP 的增长率达到 7.2%，2004 年有望进一步上升（IMF，2005）。然而正是在这一时期，沙特改革的步伐加快了。这些改革很可能改变沙特政府、私营部门和社会之间的关系，不过这些改革能否解决已强调的问题尚不清楚。

有许多原因可以解释为什么在当前财政压力减轻的时候沙特政府要推动改革。第一，国内政治动乱比以前更加公开化，这使政府感到必须要调整政策。即使政府可能从石油中获得更多的收入，但民众所面临的问题仍没有得到缓解。部分民众因为人口的高速增长、失业率持续上升，生活水平在下降，这是沙特国内政治不满情绪日渐上升的关键因素。

第二，沙特自 2001 年 "9·11" 事件以来，一直承受着巨大的国际压力，美国认为沙特国内的环境助长了国际恐怖主义势力的发展。虽然国内和国际的压力既涉及经济问题也涉及政治问题，但这些压力让经济改革的推进有了充分的理由。经济改革对沙特政府来说不会产生太多的矛盾和问题，实际上，这在某种程度上确实为未能进行激进的政治改革打了掩护。

沙特申请加入世贸组织，对推动沙特的经济改革至关重要。如前所述，沙特政府于 1996 年开始就此问题展开谈判，然而直到 2002 年，阻碍沙特加入世贸组织的关键问题才开始予以认真处理。实际上，加入世贸组织的问题已经成为沙特经济改革的主要推动力之一。那些打算改革的人把这一问题作为加快改革步伐的合理理由，比如说下节，即"改革促进外商投资的法律框架"中，要讨论修改的许多法律直接源于满足世贸组织入会条件的要求。加入世贸组织肯定会确保贸易体制更加透明，经济环境更加适应非居民的商业活动。沙特已成为世贸组织以外最大的经济体之一。

经济改革的需要推动新的行政管理体系得以建立，以此来推动经济改革的发展。1999 年 8 月，最高经济委员会（Surpreme Economic Council, KSA – SEC）的创建是这些新机构发展的开始，该机构负责评估经济、工业、农业和劳工等方面的政策，以评估其有效性，重点是推动开放沙特市场，吸引投资。

2000 年，沙特创立了一系列组织，主要负责制定对经济改革进程至关重要的领域的经济政策。同年 1 月，沙特成立了石油和矿产事务最高委员会（Supreme Council for Petroleum and Minerals, SCPM），负责拟定沙特油气资源开发的决策。该委员会特别注意把国际投资吸引到油气领域，特别是天然气领域。2000 年 4 月，沙特宣布成立最高旅游委员会（Supreme Council of Tourism, SCT），负责推动旅游业的发展，并促进相关投资。在新的体制下，沙特不仅关注每年进入圣地的朝圣者，积极推动国内不同地区旅游业的发展，还鼓励国际资本投资新的旅游项目。对沙特旅

游业来说，这一观念意味着新的重大变革。新委员会秘书长于
2003 年 9 月宣布了旅游业未来发展的 20 年计划，计划到 2020 年，
从事旅游业的沙特人最多可达 230 万名（AMEINFO，2003）。
2000 年 4 月，沙特投资总局（Saudi Arabian General Investment
Authority，SAGIA）成立，其任务是促进外国投资，为商业活动服
务，为颁发证照、许可证及其他与商业活动有关的行政管理手续
办理提供"一站式服务"。沙特投资总局将与最高经济委员会以
及最高旅游委员会密切合作，在投资者和政府之间发挥协调作用
（SA - IR，2005b）。

改革促进外商投资的法律框架

促进外商投资的措施是政府经济改革计划的核心，也是国际金
融机构评价沙特发展可持续性的关键。如果沙特迅速增长的人口和
劳动力的需求要得到满足，必须要采取措施来推动外国投资的发
展。外国直接投资的法律为政府促进外国投资提供了主要框架，但
存在的影响税收、资本市场、知识产权和保险的法律改革也很
重要。

《外国直接投资法》

2000 年 4 月前，沙特只允许满足三个条件的外国投资进入本
国：投资必须在"发展规划之列"；投资必须带来技术转让；投资
者必须在沙特国内有一个合作伙伴，且该合伙人持有的股权比例不
得低于 25%。在沙特，除非与政府有联系，否则申请许可证往往

要花很长时间。除海合会其他国家的公民外，外国公司和个人不能在沙特拥有土地，也不能从事该国国内的贸易和分配活动。

2000年4月，大臣会议颁布了新的法律，并于该年6月正式生效（SAGIA，2004e）。法律为未来的立法和监管活动确立了基本框架，旨在改善国家的投资环境并吸引资本。新法律和同时颁布的法律所执行规则的关键如下。

（1）投资者建立的公司现在可以100%由外国人持股（除某些特定领域），外国公司和沙特公司地位平等。而此前，外国资本投资委员会通常要求沙特人拥有公司51%的股权。根据新法律，外国公司可以按照与沙特公司相同的条件，向沙特工业发展基金（SIDF）申请低息贷款，这些可以占到风险投资的50%。

（2）外国公司现在可以拥有土地来从事经过审批的活动以及为雇员提供住房。此前，只有外国公司在沙特的合作伙伴才能持有土地。

不过，可能最重要的是沙特投资总局在促进外国投资上发挥了助推器的作用，它加快了投资决策的制定，减少了行政手续。根据新法律，沙特投资总局有权在30天内对所有投资申请做出决定，如果在最后期限过后，政府仍未能完成审批，投资总局则必须立即颁发许可证。此外，颁发许可证的依据是非常明确的：除了"否定名单"中规定的那些领域外，所有其他领域都允许外国投资。沙特还规定了发放许可证的最低投资额：农业项目2500万里亚尔、工业项目500万里亚尔、服务性项目200万里亚尔。

新法律关于全部或部分没收投资担保的规定比以前更加明确，关于外国投资者汇回资金、转移资金以履行合同义务的规定也更加明确，外国公司首次有权充当非沙特籍员工的保证人。

作为《外国直接投资法》颁布的必然结果，大臣会议于同年晚些时候颁布了《不动产法》（SAGIA，2004g）。该法的副标题是"不动产所有权及外国人投资的制度"，外国人因此有权根据个人居住需要而拥有不动产。

税制改革

吸引更多的外国投资还需要改变对这类投资的税收政策。2000年之前，外国投资公司所得税的税率为45%。鉴于海湾地区其他一些小国的外国公司所得税的税率较低，沙特的这一税率严重抑制了外国投资者的投资热情。此外，与沙特本国公司税制的比较进一步凸显了税制对外国投资者的不利影响。对沙特本国公司来说不仅没有公司所得税，只需支付2.5%的天课税，而且实际上这一规定也没有加以严格或持续执行。

2000年，外国投资公司的总体税率降到30%，2004年7月，随着新《公司税法》的出台，税率进一步下降到20%（SAGIA，2004d）。然而，对油气部门的投资者来说，其仍要缴纳较高的税：天然气企业的税率是30%、石油和油气生产企业的税率是85%。不过实际上，外国投资者只有和沙特阿美石油公司合作才能进入石油领域。

虽然税制改革改善了投资者的投资环境，但沙特对外国公司征收的所得税仍远高于其他海湾国家。比如在阿联酋和巴林，政府就不征收公司所得税。因此，降低公司所得税不太可能让投资者将投资从海湾小国转移到沙特。有风险的是，如果外国投资没有显著增

长，那么政府的非石油收入将会减少。尽管如此，新法律明确了有
关税收的规章和程序，因而有望增加那些潜在投资者对在沙特投资
的信心。

规范资本市场

目前，沙特公民在国外持有的资产重回沙特投资也被看作外国
投资，资本市场的改革旨在鼓励这一类的资本流动，并鼓励持有资
本的沙特人在国内而不是去国外投资。据估计，2004 年沙特公民
在国外持有的资产约为 6500 亿美元（有人认为这一数字高达 1 万
亿美元）。

在大臣会议 2003 年 6 月修订《资本市场法》（SAGIA，2004b）
之前，沙特没有证券交易所。人们可以通过国家证券保管中心进行
股票交易，但沙特没有促进这种交易或保护投资者利益相关的监管
框架。在这一法律的推动下，沙特正式成立了证券交易所，由沙特
证券交易委员会监管其活动。后来沙特证券交易委员会更名为资本
市场管理局，于 2004 年 6 月正式挂牌。该机构负责组织资本市场，
保护投资者免受不公平行为的侵害，提高证券交易的效率和透明
度，培育并监督证券交易的各个方面（SACMA，2005）。沙特证券
交易所的交易仅限于海合会成员国的公民，但非海合会成员国的公
民可以通过投资沙特银行提供的互助基金来参与证券交易。

人们相信，资本会在一个监管良好的市场中增加，公司也更容
易上市，上市公司又会在股票市场上吸引更多的资本。公司拥有者
还可以通过发行公司股票来获利，国际银行将获得在沙特投资银行
业的许可。然而，这些好处可能不会立即显现。即使法律开始全面

实施,沙特资本市场仍比较疲软。如果资本市场要成为一种有效的金融工具,能够实现将投资人筹集的资金交给那些正在开发经济项目的人的手中的目的,那么沙特就需要建立另外一系列的机构。投资银行、独立经纪公司、资产管理公司等发展的不足以及风险资本的不足影响了沙特证券交易所潜力的发挥(Zahid,2004)。截至2004年底,在沙特证券交易所上市的公司只有71家,在有些行业中,整个行业只有一家公司上市。

尽管如此,2002~2003年,在新法律生效之前,股票交易量已经有了显著增加。2002年12月底至2004年12月底,股票交易量增长了三倍(AMEINFO,2004)。

知识产权

外国投资者需要知道他是在一个尊重其产品版权的市场中投资的。2003年6月,大臣会议批准了一项新的《版权法》(SAGIA,2004c),取代了1990年颁布的法律。2003年颁布的《版权法》在官方公报发布六个月后生效,主要保护文学、科学艺术、计算机程序、视听等领域的知识产权。这一法律变革符合世贸组织《与贸易有关的知识产权协定》的要求(TRIPS)。

然而,对于沙特政府能否彻底有效地执行法律以满足外部的要求,仍然是存疑的。1995年,美国将沙特列入特别301报告"优先观察名单"中,在撰写这份名单时,尽管其有新法律的出台,但沙特仍赫然在列。该清单包括那些在美国贸易代表看来"没有提供足够的知识产权保护或执行知识产权保护规定",并且正在推行"对美国版权持有人产生不利影响的最恶劣政策"的国家(US -

TRO，2004）。

大臣会议在 2004 年 7 月通过了一项新的《专利法》（KSA -
CM，2004），涉及集成电路、植物新品种和工业设计。该法律旨在
满足《与贸易有关的知识产权协定》的要求，因而该法的颁布提
高了沙特在特别 301 报告"优先观察名单"中的位次。

规范保险业

2003 年 7 月，大臣会议批准了一项新的《保险法》，以管理沙
特的保险行业（*MEES*：6.12.2004）。该法律向外国投资者开放保
险业，并为沙特保险公司的发展提供法律框架。

有关投资立法的实际影响

正如已经指出的那样，政府通过的新立法并不一定会对沙特投
资水平的提高产生影响，投资水平在很大程度上取决于政府机构践
行新法律框架的方式，以及新投资结构与周边国家投资结构的对比
情况。

截至 2004 年 3 月，沙特投资总局已经为总价值达 150 亿美元
的项目颁发了大约 2220 份许可证（*MEES*：6.12.2004），其中 1/3
的项目是外国人投资的。如果此后的实际投资以类似的规模发展，
那么沙特将从外国投资的大幅增长中受益。然而，获得许可证的公
司不一定真的投资。到 2003 年底，没有确凿的证据表明沙特正在
吸引大规模的投资。联合国贸易和发展会议发布的《2004 年世界
投资报告》将沙特列为世界投资潜力排行榜第 31 位，但实际投资

业绩排名仅为第 138 位 （UNCTAD，2004 a：A.1.5 and A.1.7）。绩效指标衡量的是与经济规模有关的外国直接投资水平。在对 140 个国家进行的比较中，只有印度尼西亚和苏里南共和国的排名低于沙特，因此投资潜力和实际投资之间有极大的差距。事实上，2001～2003 年，流入沙特国内的投资为 -3.87 亿美元。当时，通过投资流出沙特的资金比进入沙特的资金多得多。虽然 2003 年沙特的投资数额为 2.08 亿美元，这表明以前的发展趋势正在改变，但得出这样的结论还为时过早 （UNCTAD，2004a）。

当然，沙特《投资法》对投资者的吸引力在很大程度上取决于前面提到的 "禁止涉足清单" 的范围，即禁止外国投资的领域。2001 年 2 月，在《投资法》颁布后不久，沙特最高经济委员会公布了一份禁止涉足的 22 个领域清单，这些领域完全禁止外国人控制 （SAGIA，2005b）。这些领域包括石油勘探和生产、渔业、配电、保险、电信、印刷和出版、教育和陆空运输。这份名单涉及范围较广，起初这份名单给人的印象是，外国投资者可以投资的范围很窄——至少对于那些想拥有 100% 控制权的人来说更是如此。大臣会议限制外国投资的范围部分是受到来自国内私营部门的压力，这些私营部门得到了一些政府内部成员的支持。然而，沙特投资总局却倾向于减少禁止外国投资可以涉足的范围。2003 年 2 月，最高经济委员会部分或全部开放领域，即从禁止名单中删掉了 6 个投资领域 （SAGIA，2005b）。政府完全取消了对外国投资者在教育、公共网络内的输变电以及管道输送方面的投资禁令，允许印刷出版、电信和保险等业务向外国投资者部分开放。2004 年 2 月，更多的领域 （包括移动电话业务） 被从部分限制名单上删掉了，保险业完全向外国投资者开放，但仍有 3 个工业部门和 15 个服务部门在禁令名单上（SAGIA，2005b）。一些禁止外国投资者参与的领域仍与国防和圣城的服务业有关，这些领域完全将外国公司排除在外。然而，限制外国投资者在石油勘探和生产、陆运和空运方面的投资是很重要的——这阻断了外国投资者可以投资重要经济部门。不过，向外国投资者开放的投资领域进一步扩大了。

沙特天然气综合开发倡议（Saudi Integrated Gas Initiative）是一个很具启发的案例，该案例表明，尽管国家颁布了新法律，但外国投资仍会遇到问题。天然气行业并不属于外国投资者禁止涉足的范畴，事实上，政府计划在天然气领域大规模吸引外资，该倡议对沙特满足其未来能源的需求至关重要。沙特天然气综合开发倡议包括一批以天然气作为动力或原料的工业项目：发电厂、海水淡化设施和石油化工厂。

国际石油公司和沙特政府似乎都想在沙特天然气综合开发倡议的框架内成为沙特天然气开发的主导方（US–EIA，2004b）。2000年12月有人提出这样的构想，即 10 家国际石油公司组成一个联营企业，联营企业根据与沙特阿美石油公司达成的协议，设计一批大型项目。联营企业有望在 20 年内向沙特经济注入 300 亿～400 亿美元的投资。这将是 20 世纪 70 年代沙特油气国有化以来，沙特将油气领域首次对外国投资者重新开放，这也成了沙特整个外国投资战略的核心组成部分。随着新气田的探明，沙特已探明的天然气储量上升到世界第四位（仅次于俄罗斯、伊朗和卡塔尔），因而这一举措面临很大的风险。此外，人们认为，沙特天然气综合开发倡议将推动沙特经济体制进行更广泛的改革，因为它将迫使政府审查电力和水资源的税率，取消对这些部门的补贴。

沙特与一些国际石油公司的谈判在 2001 年、2002 年和 2003 年上半年一直都在进行，但 2003 年 6 月，沙特石油大臣宣布谈判终止（US – EIA，2004b）。正如当初市场所预计的，沙特天然气综合开发倡议最终被搁置了。现在看来，导致谈判破裂的主要障碍有两个。第一，这些公司对沙特天然气领域向外国投资者开放的力度不满，特别是不让外国投资者涉足沙特阿美石油公司开发的天然气区域。第二，外国投资者发现，投资回报率没有什么吸引力。

沙特天然气综合开发倡议的搁置大大降低了将大批外国投资吸引到开发经济关键领域的希望。这一计划现在经过重新包装后变成了一批小型的、受限更多的项目。新项目同原来的计划相比吸引力不大，也不太依赖外国投资。第一份重要的合同（也是迄今为止最大的合同）于 2003 年 11 月签署，这份合同价值约 20 亿美元，是由壳牌、道达尔和沙特阿美石油公司组成一个联营企业，共同开发鲁卜哈利沙漠 209160 平方千米的天然气，并研发天然气产品。这 20 亿美元并非都是外国投资：沙特阿美石油公司占总额的 30%。

2004 年初，沙特根据重新启动的天然气开发计划与卢克（俄罗斯）、中石化（中国），还有埃尼（意大利）和雷普索尔总部（西班牙）签订了合作协议，来勘探和开发鲁卜哈利沙漠北部空地的天然气资源。在每一份协议中，沙特都占总投资的 20%，在第一阶段的开发中，三家公司初期的投资预计不到 10 亿美元（SAGIA，2005a）。

受《外国直接投资法》的影响，银行业也吸引了一部分外国投资。2003 年 10 月，沙特央行（SAMA）宣布将允许德意志银行在沙特开展独立业务，并在 2004 年宣布美国摩根大通银行和法国巴黎银行也可以在沙特独立开展业务。这是自 20 世纪 70 年代沙特银行业国有化以来，政府首次允许此类银行进入沙特银行业（Dun and Bradstreet，2004：50）。

世贸组织与贸易自由化

沙特加入世贸组织的谈判对该国的经济改革进程意义重大，前一部分所讨论的经济改革措施都受到世贸组织规则要求的影响。贸易自由化是另一个关键的要求，因此需要注意沙特在加入世贸组织谈判中提出的问题以及这些问题解决的程度。

如前所述，自 1996 年以来，沙特与世界贸易组织一直在进行谈判。到 1999 年底，才找到谈判的主要问题所在。就沙特方面来说，作为开放市场的一个条件，美国和欧盟应取消对沙特石油化工产品征收的关税。世贸组织则要求沙特政府对关税设置上限，消除贸易保护壁垒，开放服务部门（如银行）以扩大外国资本的参与范围，放松对外国投资的管制，改善知识产权等领域的商业环境。

在"改革促进外商投资的法律框架"一节中，我们概括了法律的变革，这些改革举措满足了世贸组织对结构改革的诸多要求。在某种程度上，这些改革措施就是专门为满足世贸组织的这些要求而制定的，但这些更是对广大改革需求的一种回应。无论哪种方式，这些举措都带来了世贸组织所设想的那种经济变革。

如果世贸组织会员资格得到确认，沙特还必须推行另一项措施。世贸组织的规则要求想加入世贸组织的国家必须向其主要的贸易伙伴提供市场准入，并削减关税，这些措施随后将进一步应用到世贸组织内的其他国家。沙特近年来的主要贸易伙伴是欧盟和美国。2003 年 8 月，沙特与欧盟（沙特的主要贸易伙伴）达成了贸易协议（EU business，2003a）。该协议要求沙特降低对大多数欧盟农产品和工业产品征收的进口关税，当然沙特也尽力保护了其在农业、奶制品和家禽行业的 165 个项目（EU business，2003b）。沙特与欧盟的协议规定，沙特将进一步开放服务业，包括银行、保险、建筑和电信等行业。沙特国内市场上的天然气价格将不得低于国际市场的价格（Dun and Bradstreet，2004：50）。沙特与主要贸易伙伴美国直到 2004 年底都未能达成协议。尽管美国政府自 2003 年年中以来就明确表示有意让沙特加入世贸组织，认为这是小布什总统"大中东计划"的组成部分（AMEINFO，2005），但美国政府的要求似乎比欧盟还要高。据说美国试图让沙特在知识产权、燃油价格折扣、非关税措施和金融服务业改革等方面做出更大让步。

一旦美沙达成贸易协议，阻碍沙特加入世贸组织的大多数障碍都将得到解决，因为沙特已经在法律和经济政策方面做出了变革。剩下的关键因素之一是沙特目前让某些商人享有外国公司的独家代理权。鉴于政治上势力强大的商人游说团体的抵制，沙特要修改这项法律可能并不容易。然而，世贸组织不太可能允许这种明显限制竞争的做法的延续，沙特可能还需要修改《劳动法》（以提高劳动力流动性）并引入新的竞争规则（外国公司能够平等地与当地公司竞争）。

加入世贸组织将使沙特可以扩大其石油化工产品的出口市场，这对于政府在这一领域的投资是必要的。然而，沙特的加入也会给自身带来一些挑战，面对更加激烈的国际竞争，当地公司必须得提高自身的生产效率。

私有化

私有化与前述讨论的经济改革的两个方面密切相关：吸引外国投资；满足加入世贸组织的条件。"华盛顿共识"认为私有化对经济有两大好处：第一，它通过降低"官僚式的"公共部门的支出来提高生产率；第二，它鼓励私营部门主导的投资的增长，其中很大一部分来自外国投资。有人指出，外国投资会提高效率并引进新技术，这两点通常被用来辩护沙特大范围的私有化政策。

沙特在有限推动私有化几年后，2001 年又开始推动私有化进程。2001 年 2 月，最高经济委员会开始负责监督私有化的方案，决定私有化的内容，制定私有化的战略计划和时间表，并监管私有化举措的实施，这标志着私有化步入新的发展阶段。2001 年 8 月，最高经济委员会成立了一个负责该事务的，由有关部委和经济机构的代表组成的私有化委员会（KSA – SEC，2005）。

2002 年 6 月，最高经济委员会接受了私有化委员会制定的私有化战略，同年 11 月，大臣会议批准了公用事业领域旨在推进私有化的清单（SAGIA，2004h）。这份清单的内容较多：供水和排水、海水淡化、电信、航空、铁路、部分公路（高速公路）、机场服务、邮政服务、面粉厂和粮仓、海港服务、工业城市服务、一些政府参股的公司（包括沙特电气公司、银行、沙特基础工业公司、沙特矿业公司、沙特电信公司和地方炼油厂）、政府在阿拉伯和伊斯兰国家合资公司中占有的股份、旅馆、体育俱乐部以及一批市政、教育、社会、农业和健康服务项目。这个私有化清单涉及的内容是如此之多，给人留下了深刻印象。

　　沙特看起来是在仔细考虑构建一个确保经济充分受益于私有化的框架。作为私有化战略的一部分，一份《私有化进程中要处理的基本问题》的文件强调通过设立管理机构，为私有化领域建立合适的管理框架，设计一种系统的方法来对以前由政府公司补贴的服务行业制定关税，为部分出售前需要论证的公共企业建立程序，引进战略伙伴来处理最大的私有化项目，并通过保证资本市场的正常运作及促进沙特人力资源开发来为私有化培育合适的商业环境（SAGIA，2004a）。因而，私有化并不是政府解决预算赤字的快捷办法，而是一个涉及结构转型的过程。

　　2002 年下半年，私有化纲领确定后，政府才开始实施私有化的主要措施。迄今为止，最重要的私有化措施是 2002 年 12 月 17 日至 2003 年 1 月 6 日政府将沙特电信公司（该国唯一的固定电话和移动通信服务提供商）30% 的股票首次公开出让，这是自 20 世纪 80 年代初沙特基础工业公司部分私有化以来，政府首次大规模出让股票。股票销售的需求量很大：据财政部统计，政府出售 9000 万股股票净赚 40 亿美元。大约 1/3 的股票被两个国有养老基金收购，即退休金管理局（RPD）和社会保险总局（GOSI），它们共同持有政府债务总额的 65%，沙特公民购买了剩余的股票。随着股票的公开发售，沙特电信公司迅速成为沙特最大的上市公司（Zahid，2004）。然而，由于政府仍然保有公司的大部分股权，股份制的扩大似乎不太可能改变公司的经营方式。

政府还宣布了两项其他股票的公开出售计划，均与在经济中发挥重要作用的公司有关。2004年5月，最高经济委员会批准了国家合作保险公司（NCCI）中政府持有股份的发售计划，人们对这项计划期待已久。2004年12月和2005年1月，政府公开出售其持有该公司的股票，700万股国家合作保险公司的股票以每股205里亚尔的价格抛向市场，而这相当于公司总资本的70%左右。此次超额认购额是出售额的11.5倍（Zawya，2005）。2004年5月，最高经济委员会又批准了沙特矿业公司的私有化计划。沙特矿业公司的大范围重组已经开始，以便将其分拆出售。据该公司称，贵金属业务将是第一个被出售的业务。政府持有的国有商业银行50%的股份也有望首次公开出售（Dun and Bradstreet，2004：25）。

许多服务业领域的私有化也在持续推进，政府宣布了地方及国际机场管理与运营的私有化：邮政服务业务现在由私人运营商承包，政府还在讨论城市交通系统和一些医疗保健设施的私有化计划。

在其他领域，私有化仅停留在猜测和讨论阶段，并没有实际的规划。据称，长期待售而仍在讨论中的公司包括石化和钢铁生产商——沙特基础工业公司，政府仍持有该公司以及沙特航空公司70%的股权。关于这两个公司的讨论仍涉及部分私有化的问题，而不是完全私有化的问题。出售政府占相当比例股份的沙特基础工业公司尤为重要，该公司约占世界油气生产总量的10%。随着新计划的实施，这一比例将继续上升（US – E，2004）。

　　然而，或许比私有化更重要的是，向私人投资者开放投资领域。换言之，即使没有大规模的私有化，政府的政策也可能会致力于扩大私营经济。例如，当时政府的计划提出，2020 年前电力领域需要 1170 亿美元的投资，水资源行业需要 800 亿美元的投资，其中大部分资金就来自私营部门（US – E，2004：16）。2004 年 1 月，政府向沙特国内外私人投资者提供了价值 150 亿美元的电力投资项目。2004 年 8 月，大臣会议授权一家外国公司（总部设在阿联酋的阿联酋电信公司）在该国建立并经营第二家移动电话网络服务公司。2003 年 6 月，最高经济委员会向私营企业开放了沙特的航空部门，沙特人拥有的私营公司从而可以经营国内航空公司业务。私人卫生诊所、医院和教育机构的私有化也在进行中。

对需要进行的改革的评价

　　尽管政府在经济改革的一些方面取得了进展，但已取得的成果仍存在重大不足。本节将探讨需进一步改革的关键领域。

完成加入世贸组织的程序

　　沙特需要完成加入世贸组织的程序不仅是因为沙特借此可以通过增加其石化产品进入国际市场而获益，而且会推动经济长期发展所需的法律和政策变革。加入世贸组织会进一步增强沙特商业环境的透明度和可预测性。加入世贸组织还将使沙特能够与世贸组织内的其他发展中国家和工业化国家（目前在巴西、印度和中国带领下发展中国家正在推进工业化）一道，尽力让国际贸易的优势不再由发达国家来掌控。

进一步完善影响私人投资的法律框架

沙特的投资环境在很多方面比不上海合会中的其他国家，比如这些国家的税率水平就显著低于沙特，而巴林和阿联酋甚至不对海内外的投资征收公司所得税。这本身可能不具有决定意义：如果有其他优惠，公司自然可以接受更高的税率。沙特的国内市场更大，石油资源更多，公民持有的海外财产也更多。沙特商业环境凸显的一些其他方面问题，而不是淡化了这种差异。尽管政府设立沙特投资总局为外国投资者提供一站式服务，但在沙特建立企业仍相当耗时，并掣肘于沙特的官僚机构。世界银行和国际金融公司（IFC）曾联合发布的一份调查报告指出，在沙特开办一家企业所需的最低资本是平均收入的 15 倍，需要办理 15 个手续，办完这些手续所需的平均时间为 64 天（World Bank，2005）。即使按照官僚主义现象严重的中东国家的标准，这些数值也是相当高的。

推动国有企业与产业私有化的深入发展

如前所述，迄今为止，沙特的私有化步伐依旧很缓慢。在某种程度上，这种情况的出现是因为相关行业的监管框架不完善。在实施私有化之前，这些制度框架就应该首先到位，以确保私有化过程中不会出现侵吞国有资产、建立私人垄断以及剥削消费者的行为。竞争市场的建立是必不可少的，然而沙特政府并未充分重视制定监管框架的问题。

许多行业（例如电力、矿业和保险产业）中的公司，在近几年来一直在等待私有化。虽然政府仍持有这些公司的多数股权，但它已经允许这些公司用商业的模式经营。另外，政府表示私有化后的公司不应该裁员（Malik，1999：258），然而这减少了私有化的一大重要优势——削减非生产性工作岗位并提高生产效率。

重塑政府财政：重新调整支出，创造新收入渠道

沙特经济需要大量新的公共投资，但政府要成功地吸引私人投资来促进经济发展和社会福利仍将取决于政府自身在经济中发挥强大而有效的作用。与许多经济学家提出的观点不同的是，国家在社会基础设施建设（卫生、教育和福利服务）上的支出是需要增加的。沙特想要建立一个具有国际竞争力的劳动力市场，就必须提高教育水平，为目前从事非生产性或非竞争性工作的人提供社会支持（见下文）。

尽管不断增长的石油收入可能会为新投资提供部分资金，但这并不能从根本上解决问题。沙特依赖石油价格上涨是有风险的。此外，沙特还需要将这些短期收益投入支持后石油时代可持续发展的储备基金中。

因此，增加新投资的渠道有两种：节流与开源。在支出方面，政府可以在三个领域减少支出。第一是军费。目前沙特的军费开支显然是过高的，约占中央政府支出的40%。即使按照中东地区各国的标准也是非常高的。中东各国军费开支平均占中央政府支出的21.5%，而全球发展中国家平均水平为14.5%，世界的平均水平则为10%（Cordesman，2003 b：391）。同时，几乎没有证据表明高军费支出会带来安全，相反，目前沙特安全面临的威胁主要来自

国内。同使用尖端武器相比，也许有效的社会经济政策和政治认同才能处理好来自国内的安全威胁。第二，人们普遍认为，资源的浪费在一定程度上是因为对支出缺乏控制，同时也是因为腐败。因此，对所有入账和出账实行严格的财务审计制度将有助于减少浪费。目前，并非所有的石油销售收入都出现在预算中，国家的账户应记录整个收支过程。第三，应该削减不针对特定人群的一般性补贴。尽管近年来这类支出有所减少，但并未发生质变。

在收入方面，沙特也需要寻找新的收入来源。国际货币基金组织（IMF，2005）曾向沙特政府施压，要求沙特"财政收入多元化"。这并非无理要求，因为加入世贸组织后关税收入必然将会减少。而国际货币基金组织则建议沙特对某些商品征收增值税，海合会其他成员国有了先例；沙特还可以向本国公民征收个人所得税，对本国公司征收公司所得税。前文提到过，目前沙特公司只需缴纳天课，沙特公民也不需要缴纳个人所得税。

让沙特劳工更具竞争力

目前，在劳动力问题上，政府的政策是强制让私人老板雇用沙特劳工。尽管这项政策背后的意图值得称赞，但（在当前条件下）与提高沙特私营部门国际竞争力的举措是背道而驰的。随着沙特加入世贸组织，这种矛盾将日益凸显。如前所述，沙特劳动力市场的运作实际上是要保证沙特劳工的工资与薪金高于除高水平的技术专家之外的外籍劳工的工资与薪金。鉴于沙特劳工还受益于更具约束力的有关解雇和裁员的合同规定，而且往往与外籍劳工相比缺乏经验、技术以及受教育水平低，因而（世贸组织所赞成的）劳动力市场的开放将会显著减少沙特人在私营部门的就业机会。

因此，当前强制要求私营部门雇用更多沙特人的规定在短期内看可能是有利可图的，但并不是长久之计。要长久地解决问题，政府就必须让沙特劳工和外籍劳工可以平等地竞争。这一方面需要提高沙特劳动力的竞争力，反过来说，要实现这一点需要做两方面的工作：一方面，通过培训提高沙特劳工的素质，以及减少雇主雇用沙特人的额外成本（实际上，就是降低沙特本土工人的工资和期望）。另一方面，要通过提高工人工资和改善劳动条件（或者，如果有必要，对每个雇用外籍劳工的公司征税）来增加雇主雇用外籍劳工的成本。这不一定要遵循政府的命令（除了制定和执行最低工资标准外），在私营部门为外籍劳工提供更好的就业条件自然会让劳工组织的发展空间更大。要解决由此而导致的国际竞争力下降的问题，政府可以加大对私营部门的支持，鼓励服务业和工业部门提高技术水平（从而减少这些行业对外籍劳工的需求）。

结　论

关于沙特经济改革的辩论，无论是在国内还是在国际上，都过多受到"华盛顿共识"的限制。在这种框架下，政府提出的这些改革措施无疑是有益的。然而，如果要建立一种长期可持续的经济发展模式，沙特需要进行更深刻的结构性变革，其中最关键的就是要使沙特劳工在国内和国际上都具有竞争力。沙特政府需要放宽对一些经济活动的控制，但要大力扩展其在另外一些经济活动中的作用。国家和民众之间需要建立一种新的包括政治和经济两个方面的社会契约来实现这一点。

改革经济、提供生产性就业是一项需要采取激进措施来推进的迫切任务。迄今为止改革的推进存在三个问题。第一，改革执行进程缓慢且内容不全面。战线拉得越长，经济改革将变得越困难。沙特是世界人口增长率较高的国家之一（20 世纪 80 年代和 90 年代将近 4%），由此带来的失业率上升和社会条件恶化将加剧政治动荡和社会分裂。

第二，改革的深度仍远远不够。沙特需要进行的改革在许多方面遇到的困难是空前的，并且需要推行前所未有的社会与政治变革才能克服。其中，改革的核心问题就是劳动力和就业，沙特劳工必须像外籍劳工一样生产力强、效率高。虽然政府可以通过强制措施让不情愿的雇主雇用沙特劳工而暂时得以缓解失业问题，但从长远来看，这不会创造生产性经济。沙特劳工必须要能够与外籍劳工竞争，这样雇主才能发现雇用沙特人的经济收益是可取的。劳资双方都需要做出调整：沙特劳工更有生产能力，雇主雇用沙特劳工成本更低，同时改善外籍劳工的工作条件（可以给雇用外籍劳工的雇主加税），提高雇用外籍劳工的成本。

第三，政府需要大规模调整财政，以便为国家提供重构社会经济结构的资源。除了突破目前仍然在阻碍投资的规章等瓶颈外，国家还需要在能推动发展的领域进行投资，以确保沙特有更多的就业机会、更多的公平、更好的社会条件和长期可持续发展的经济。国家扮演的角色要与过去不同，政府需要剥离其在大部分生产过程中的控制权，以便节省、筹集资金，并让更具竞争的人有效地经营公司。这些措施释放出的资源（既包括财政资源也包括行政资源）

则可以用于改善国家和社会的基础设施。在改善教育和保健服务以及更好地提供社会福利的基础上，政府就可以减少把沙特劳工从现有闲职岗位上裁撤下来所带来的影响，沙特劳工的生产潜力会进一步被释放出来。

如前所述，政府所提出的这种激进变革计划要求国家与民众之间建立新的社会契约。基于政府透明度与实现社会经济平等化，政府与民众之间的信任是必要的。政府必须限制接近国家资源的特权，税收支出必须用来消除不平等，国家和私营部门之间必须划出明确的界限，这样私营部门获取收益就不必仰仗政府，也只有这样才能建立活跃的私营经济。

第五章　外交政策

与美国结盟的困境和国际恐怖主义的挑战

总的认识

国家内部和外部的安全是沙特确定其外交政策方向的关键，这与影响并制约外交政策的两个关键因素密切相关：与美国的关系；沙特的宗教意识形态对沙特在世界上所发挥作用产生的影响。

比以往更突出的是，自 1990 年以来，沙特政府在平衡不同的关切和巩固沙特外交政策的基础上所面临的两难处境有所缓解。沙特外交中所面临的主要困境表现在四个方面：应对国际恐怖主义；促进海湾地区的安全与稳定；在更广大的阿拉伯世界中发挥领导作用；与国际人权公约保持一致、维护民主自由的压力。美沙非正式同盟的发展、国家内外的安全威胁以及本国瓦哈比派宗教结构和意识形态之间的相互作用，破坏了所有那些克服外交困境中政策的一致性。沙特是否能够在看起来日渐不相容的因素中继续维持平衡成了该国未来发展的一个重要问题。

潜在不相容的各个要素与沙特外交政策的核心密切相关。与美国的非正式同盟关系既加强又弱化了沙特在大多数关键问题上的地位。沙特反对恐怖主义、应对外部安全威胁的能力、在阿拉伯世界发挥其重要性以及避免国际上谴责其侵犯人权的能力，都因美国的支持而得以进一步加强。然而，与美国的密切关系加剧了沙特自身面临的安全挑战，并加深了其政治脆弱性。正如本章后面将要分析的，这种关系确实使沙特成为伊斯兰极端分子和伊朗以及伊拉克等敌对势力攻击的目标。美沙联盟降低了沙特试图解决巴勒斯坦问题的可信度。在人权问题上，这种关系至少在"9·11"事件前使得沙特政府有能力轻松应对国际社会要求其改善人权状况的压力。

受沙特外交政策影响而形成的宗教思想也出现了类似的悖论。一方面，这一宗教思想使政府能够动员民众抵御外部威胁。外部威胁被描绘为源自对伊斯兰教的敌意，或对伊斯兰教扭曲或分裂的解释。此外，对伊斯兰教角色的界定使沙特政府提出了对阿拉伯和伊斯兰世界领导权的要求，并宣称有另一种解释人权的方式，以此来驳斥对其侵犯人权的指控。另一方面，对宗教合法性的强调削弱了外交政策的连贯性和弹性。沙特与以色列核心盟友的美国之间建立了密切联系，这为国内外批评者提供了攻击和贬损其宣称的宗教合法性的托辞。沙特政府让非穆斯林军队利用其领土攻击其他伊斯兰国家，这也降低了其宗教信仰的可信度。沙特政府发现自己陷入一种真正的两难境地：如果政府奉行对国家安全有利的政策，那么政府的主张和宗教合法性要相协调；如果政府在宗教主张上不进行妥协，就会损害国家安全。

本章集中讨论沙特对外关系中某一特定方面的起源和发展。这一发展是在相互作用中形成的，即沙美关系与国际恐怖主义挑战之间的相互作用。据称，这种互动是沙特在区域和全球秩序中地位发生重大变化的关键。外交政策的其他方面都是围绕着这个中心问题展开的，因而本章以叙述的方式重点关注 20 世纪八九十年代阿富汗问题的一些重大进展，这些进展会对国际恐怖主义、美沙关系以及沙特在全球秩序中的地位产生重要影响。这些事件如何发展，以及推动这些事件发展的因素是至关重要的，因为一些指责沙特政府对国际恐怖主义负有责任的说法，其实是对以上事态发展的错误看法。

"恐怖主义"这一概念在这里是指非政府团体蓄意以平民为目标，采取暴力手段来推进其政治或意识形态的行为。

伊朗革命后美沙结盟基础的进一步深化（1979～1982年）

在 1979 年以后的十年里，沙特和美国之间的关系进一步加深。美国双柱政策之一的伊朗已经政权更迭，因而沙特对于美国来说有了更为重大的战略意义。美国正在中东地区创造其直接军事行动的可能条件（最初通过快速反应部队），但这就需要一个强大的地区盟友来提供外交和战略支持。除此以外，这一时期美国和沙特两国政府都认为，中东地区受到了更严重的威胁。自 1979 年 12 月苏联军队入侵阿富汗后，海湾地区及其重要的石油储备被认为受到包围海湾地区的"危机之弧"的威胁。苏联在南也门军事力量的增加，在印度洋地区海军力量的不断增强，以及在非洲之角支持亲苏联政权的建立，所有这些都巩固了美国和沙特对海湾地区的这一看法。沙特和美国同仇敌忾，因而沙特的安全及其政权的稳定对于西方世界的经济稳定是必不可少的。

此外，美沙合作并不局限于海湾地区。事实上，沙特政府已经成为美国在全球范围内的伙伴，沙特对亲西方或反苏联的政府及运动给予了大量的资金支持。有时候，沙特会对美国政府本身无法公开支持的事业给予资金支持。例如，沙特秘密通过美国总统的渠道援助尼加拉瓜的反桑地诺武装。美国国会拒绝让总统将自己的资源用于此目的，而沙特的这一举措可以绕过美国国会达成这一目的。在非洲，沙特提供的资金支持替代了一些非洲国家（如索马里）对苏联援助的依赖。有关阿富汗的政策协调也在形成，具体内容将在下一节中予以阐述。

沙特在武器和军事训练方面的大量支出以及美国和沙特之间密切的军事合作是对美沙合作战略的进一步补充。20世纪70年代初，沙特每年的国防开支不到50亿美元，而到70年代末的时候则已达200亿美元，到1984年更是超过了300亿美元（Cordesman，1987：127；2003a：72）。武器进口金额在1979～1981年翻了一番，其中从美国进口的武器金额将近占一半（Cordesman，1987：128）。

沙特在外部削弱苏联支持的政府、运动以及对抗伊朗什叶派激进主义的战略，与当时沙特强调伊斯兰教特性、重申以瓦哈比派的原则为指导的国内政策高度一致。沙特王国面临的安全威胁，以及采取果断行动保护国家安全的必要性也很容易被沙特民众所理解。

1980 年两伊战争爆发后，沙特周边出现了公开的军事冲突。当时人们普遍认为，如果伊拉克失败，席卷整个地区的伊朗什叶派激进主义将使沙特成为下一张倒下的多米诺骨牌。因此，在战争期间，沙特给伊拉克提供了大约 250 亿美元的援助和低息贷款。

1981 年，海合会的成立同样是直接源自当时人们所认为的安全威胁。海合会的目标是在经济、社会、文化和行政领域的合作，然而集体防御实际上是海合会成立的关键（Peterson，1987：194）。这一威胁众所周知，影响了沙特对整个阿拉伯世界的政策。在阿拉伯世界内部，在与以色列谈判解决的基础上达成共识的必要性比以往更加突出。《戴维营协议》之后，埃及（当时仍然是军事上最强大的阿拉伯国家）被排除在阿拉伯联盟之外，这件事的负面影响在这一时间点上更加凸显。此外，与美国的密切关系也需要就是否将以色列看成一个合法国家的问题上采取一些灵活措施。1981 年的"法赫德方案"以及 1982 年的"非斯方案"（实际上遵循相同的框架）提出了有关的新政策。这两个方案都承认"该地区所有国家之间和平共处"是必要的，也就意味着要接受以色列的生存权，但前提是以色列必须撤出 1967 年占领的所有土地。然而，到 20 世纪 80 年代中期，阿拉伯世界关注的焦点自以色列建国以来第一次离开了巴勒斯坦地区。以色列拒绝了这些方案，而美国也不愿意对以色列施加决定性影响，海湾地区和印度洋地区的安全问题日渐紧迫，所以沙特的战略重点日趋接近美国的战略。

在此期间，也就是 20 世纪 80 年代中后期，人权问题并没有对美沙关系产生太大的影响。在卡特总统时期（1976～1980 年），美国外交政策注重人权。但继任的里根总统（1980～1988 年在任）则采取了不同的做法。他对极权主义和威权主义政府进行了区分，主要对极权主义政府施压。在这一视角下，共产主义国家被看作极权主义的，而沙特则属于威权主义国家（Cohen，1979：233）。

与美国的全球伙伴关系
以及阿富汗问题（1982～1990年）

虽然 20 世纪 80 年代沙特与美国的伙伴关系是全球性的，但对沙特来说，无论是在国内还是在国际上，阿富汗的事态发展至关重要。这一节主要追溯美国和沙特卷入阿富汗问题以及如何为在那里的伊斯兰武装势力的发展提供条件。阿富汗的武装分子来自广大伊斯兰世界，支持日益激进的全球目标。此后部分会讲述伊斯兰武装力量如何助长了国际恐怖主义，以及这对美沙关系、沙特国内环境和全球地位所产生的影响。

伊斯兰主义者对国际恐怖主义的利用源于 20 世纪 80 年代初在巴基斯坦和阿富汗组织起来的那一批人，他们利用游击战来反抗苏联支持的阿富汗政权。20 世纪 80 年代，从人力和财力两个方面支持阿富汗伊斯兰主义者的关键人物是阿卜杜拉·阿扎姆（Abdallah Azzam）。阿扎姆是巴勒斯坦人，曾在大马士革和爱资哈尔大学学习法学。在埃及期间，他与穆斯林兄弟会在政治上保持一致，还与激进的伊斯兰协会组织领导人有过接触。1978 年，他受聘在吉达的阿卜杜拉-阿齐兹国王大学教授伊斯兰法。在那里，他接触到流亡的穆斯林兄弟会成员和沙特萨拉菲派传教士，后两者自 20 世纪

60 年代末以来一直在密切合作。阿扎姆在沙特国内同政府及私营领域的富人都建立了紧密联系，这种关系在随后的几年中让他受益匪浅。1980 年，阿扎姆移居巴基斯坦伊斯兰堡，在沙特资助的国际伊斯兰大学任教。阿扎姆搬迁是因为其遇到了一个前往沙特寻求支持的阿富汗代表团，他的目标是利用其在巴基斯坦的存在和在沙特建立的关系网，为阿富汗伊斯兰主义者的事业提供有效帮助（Kepel，2004：84-85）。

1984 年，阿扎姆在靠近阿富汗边境的白沙瓦开设了一个办事处。他当时管理的这个组织被称为伊斯兰"圣战"组织服务处，其任务是帮助接待和组织反抗阿富汗政府和苏联支持者的阿拉伯志愿者。该组织运转的资金，主要由沙特来提供。而阿扎姆在协助和组织阿拉伯志愿者方面发挥的作用不仅仅是简单的物资供应，他宗教知识渊博、讲话清晰，擅长鼓舞人心，能够将志愿者塑造成一个目标一致、团结的集体，至少在 20 世纪 80 年代早期是这样的。他更长远的目标是利用阿富汗的经验创建一支国际伊斯兰武装力量，在世界不同地区为伊斯兰教的事业而战斗。最初，大多数志愿者是为了给阿富汗战士提供人道主义和后勤支援，然而 1986 年后，他们越来越直接地参与战斗，但他们仍不是战争的主体（Ruthven，2002：202-206）。

20 世纪 80 年代后期，阿拉伯的志愿者不再是一个团结一心的群体。而后来那些"基地"组织的成员只占整个阿拉伯志愿者组织中的一部分——不过是组织最好、最有效的一部分。内部的不和一方面反映了阿富汗各运动组织之间的差异；另一方面，它也源于各种伊斯兰组织的发展，这些发展趋势在不断扩大的阿拉伯志愿者组织机构中都有体现。阿扎姆曾试图将眼前的斗争重点放在击败苏联这个敌人及其在阿富汗的合作者，这就需要淡化与伊斯兰世界当权政府之间的分歧，至少要延迟与美国之间可能出现的任何对抗。有着其他背景的志愿者并不一定赞同这些优先采取的措施，例如，埃及伊斯兰主义者有一个截然不同的计划。伊斯兰"圣战"组织成员一直在用暴力反对埃及的穆巴拉克政权，他们试图保持这两种斗争方式之间的联系。与此同时，伊斯兰吉哈德派正日益关注全球反美斗争。不同群体之间的激烈冲突很可能最终成为 1989 年阿扎姆遇刺的原因（Burke，2003：82）。

　　本·拉登 1980 年首次到访阿富汗，并在不久后就与阿扎姆建立了密切的工作关系。本·拉登的个人财富，以及其在沙特与能够并愿意支持阿富汗事业的其他个人和组织之间建立的联系，为阿扎姆发展一个有效的组织提供了所需的资源。本·拉登也展现了他非凡的领导力，同时以苦行僧式的生活方式和对阿拉伯志愿者福利的关心而声名鹊起。1986 年后，随着有关本·拉登在军事行动中勇敢和坚韧的报道开始流传，他的声望不断上升。阿扎姆遇刺后，本·拉登在"基地"组织中开始发挥主导作用。20 世纪 80 年代末，他的思想日渐受到伊斯兰"圣战"组织（al-Jihad al-Islami）领导人艾曼·扎瓦赫里（Ayman al-Zawahiri）的影响。扎瓦赫里的关注点是在国际上同共产主义和美国展开全面的斗争，本·拉登的注意力也逐渐转向这一方向（Ruthven，2002：208 – 210）。当时，参与"基地"组织的一些内部核心成员有时将他们的组织网络称为"基地"（al-qa'idah）。当他们离开阿富汗，在国际上追求更重要的事业之后，这一称呼逐渐地流传开来。

1989 年底，苏联从阿富汗撤军后，本·拉登离开阿富汗返回沙特，但他为支持志愿者而建造的大部分基础设施则仍然留在原地。越来越多的志愿者抵达阿富汗，打算参与推翻纳吉布拉政权的行动。尽管该政权比预想中的更强大，但最终在 1992 年还是倒台了。然而，阿富汗伊斯兰运动和阿拉伯志愿者现在都分成了两个完全不同的甚至是敌对的组织。美国和沙特两国政府不再通过巴基斯坦渠道为阿富汗的运动组织提供资金，削弱了促使它们通过协调合作而共同战斗的动力。许多阿拉伯志愿者都与他们祖国的伊斯兰组织有联系，常常与阿富汗的各种派系联合，并从中得到指导（Burke，2003：103 - 104）。在这种情况下，无论是本·拉登还是他身边的人都无法对阿拉伯志愿者施加有效的影响，而国际恐怖主义正是在 20 世纪 90 年代初这种分裂和极端主义发展的大背景下产生的。

整个 20 世纪 80 年代，阿卜杜拉·阿扎姆、本·拉登和阿拉伯志愿者所发挥的作用与沙特和美国的阿富汗政策高度一致。在对抗苏联侵占阿富汗的斗争中，阿拉伯世界人力和物力资源的增加为美国实现自身最终的目标奠定了基础。苏联从阿富汗撤军损害了苏联的信誉，并可能导致其区域盟友重新定位自己的位置，甚至认为威胁海湾地区石油安全的"危机之弧"将不再引起人们迫切的关注。至于沙特的决策者，对阿富汗斗争的支持使得该政权能够展示其伊斯兰/瓦哈比派的特征——反对共产主义并促进瓦哈比/萨拉菲派积极推行宗教改革运动，同时向美国证明其作为战略伙伴的价值。支持伊斯兰世界热点地区的斗争进一步为沙特攫取全球伊斯兰世界领导权奠定了基础，凸显了负责任的沙特和不自信的伊朗之间的差距。这也给沙特的国内政策带来了好处：那些已经对沙特社会基础带来威胁的激进萨拉菲分子找到了外部宣泄的渠道。

美沙两国政府不仅在阿富汗致力于追求共同的目标，而且通过紧密合作来推出一些被人们称赞的政策，巴基斯坦政府是这种合作中的第三方因素。美国受与巴基斯坦政府之间协议的束缚，只能通过巴基斯坦军事情报组织和巴基斯坦三军情报局（ISI）为阿富汗抵抗组织提供资金和军事训练。而沙特政府则按照与美国 1:1 的比例提供附带援助。巴基斯坦三军情报局选择支持的组织一般由最亲近巴基斯坦的人领导，实际上一般是较为激进的伊斯兰组织：由古勒卜丁·希克马蒂亚尔（Gulbuddin Hekmatyar）领导的真主党和由阿卜杜·拉布·拉苏尔·萨耶夫（Abd al-Rab al-Rasul alSayyaf）领导的伊斯兰联盟（Ittehad-e-Islami）。萨耶夫和他领导的组织遵循瓦哈比派的思想，支持这两个集团高度符合沙特的宗教主张。希克马蒂亚尔也支持强硬的萨拉菲派主张。他们接受了大部分来自沙特政府和私人的直接资助，而阿富汗境内大多数受"基地"组织资助的阿拉伯志愿者基本都与这两个组织中的其中一个有联系（Burke，2003：59-60，68-70）。

美国在训练来自伊斯兰联盟和真主党战士的同时，这两个组织又反过来监督阿拉伯志愿者的训练，这些志愿者利用沙特及其他海湾国家提供的设施和资源来进行训练。因此沙特以两种不同的方式资助这场斗争：通过巴基斯坦渠道进行援助；直接向参与战斗的阿富汗人和阿拉伯人提供资金。给阿富汗人和阿拉伯人提供的资金有些来自政府，有些来自私人，但都通过沙特情报总局统筹调配。美国给伊斯兰联盟和真主党提供的肩扛式地对空导弹"毒刺"对这场斗争的结果至关重要。一旦苏联军队失去了空中支援的优势，战场的平衡就会逐渐发生逆转（Bergen，2001：77 – 82）。

1989 年，本·拉登重返沙特时，受到了大多数沙特人，特别是那些致力于国际伊斯兰运动事业圈子里的人的欢迎。尽管政府与媒体都没有公开承认他的作用，但他在清真寺和其他地方举行的会谈都会有许多人参加。一些来自阿富汗的组织成员，包括艾曼·扎瓦赫里在内，陪同他去了沙特，并和他待在一起。本·拉登此时还不是沙特政权的反对者，他的政治行动针对的是美国而不是沙特。本·拉登最初的活动仍在沙特政府容许的范围内。他组织抵制美国商品，抗议美国的巴勒斯坦政策。他的谈话录音开始流传，且未被沙特政府禁止。他负责打理家族的生意，但仍然过着简朴的生活（Burke，2003：136 – 140）。

伊拉克占领科威特后
美沙关系的重建（1990 ~1996年）

1990 ~ 1991 年，有两件事情改变了美沙关系的格局：1990 年 8 月伊拉克入侵科威特（导致 1991 年海湾战争）和以苏联解体为标志，苏联对于地区安全威胁的终结。

沙特与伊拉克的对抗加深了沙特和美国之间的军事和政治合作。伊拉克入侵科威特后的 10 天内，美国军队进入沙特领土，这在沙特是史无前例的。大量的非穆斯林军队首次驻扎在沙特领土上，并以此为基地发动了一场大规模的局部战争。在战争期间，美国在海湾地区部署的 50 万名士兵大部分都驻扎在沙特。虽然到

1991 年底，美国的大部分军队已撤离沙特，但在接下来的十年中，仍有大约 5000 名美国军事人员留在沙特。除了军队之外，还有大约 3 万名美国人生活在沙特。负责协调海湾地区（直到阿富汗）空中军事事务的美国空中作战指挥中心在沙特东部省有一个空军基地，该基地一直存在到 2003 年 8 月。20 世纪 90 年代，监测伊拉克军事情况的预警机（AWACS）及其他飞往伊拉克的飞机也主要部署在沙特领土上。当萨达姆被认定违反联合国决议时，一些对伊拉克设施轰炸的任务也是由在沙特基地的美国飞机执行的。与此同时，沙特从美国购买了越来越多的武器用于增强本国的防御力量。1950 ~ 1993 年，美国与沙特签订的武器购买协议金额总计 710 亿美元，而 1991 ~ 1993 年短短几年内，武器购买协议的金额就达到了170 亿美元（CRS，1996：8）。

美国在沙特的大规模驻军改变了美沙关系的本质。虽然双边关系仍被看成平等的伙伴关系，但现实却截然不同。此时美国高度参与海湾地区的政治和战略事务，利用沙特的领土和资源来推进自身在海湾地区的发展目标。而沙特政府承担了美国驻军的大部分费用。美国国防部估计，1991 年海湾战争对美国造成的损失为 610 亿美元，但其中的 540 亿美元被"联盟其他成员国"的捐助所抵消（US Dept. of Denfence，1992：Apendix P），因而这场战争中美国的实际支出只有 70 亿美元。除了本身的战争开支外，沙特在战争中还为美国贡献了大约 300 亿美元，这使得沙特在该场战争中的总支出约为 600 亿美元。20 世纪 90 年代，美国在沙特的长期驻军同样主要由沙特提供财政支持，但这种财政支持并没有换来沙特对美国地区行动话语权的提升。沙特对伊拉克的安全利益可能已经得到满足，但激进的伊斯兰主义者却以此作为动员国内和国际伊斯兰舆论反对沙特政权的理由。

影响这一时期美沙关系发展的第二个大事件是苏联解体，以及冷战的结束，因为美国在此以后不再需要沙特在其对抗共产主义的事业中提供支持了。这对阿富汗的事态发展带来了直接影响，阿富汗的事态发展反过来又影响了美沙关系。1989 年 2 月，苏联军队撤离阿富汗后，苏联支持的穆罕默德·纳吉布拉政权逐渐失势。伊斯兰主义者最终在 1992 年 4 月接管了政权。在随后的十年中，阿富汗对美国的安全威胁主要来自激进的伊斯兰主义者，特别是1996 年 9 月，塔利班在喀布尔掌权之后。本·拉登于同年将他的"基地"组织迁到了阿富汗。

但美国与沙特的全球合作还是有基础的。沙特在伊斯兰世界所扮演的角色对新世界秩序下的美国有三种潜在的价值。第一，制衡俄罗斯在高加索和中亚地区的影响。沙特为这些地区新清真寺的建造和宗教基金会提供资金支持，加强了伊斯兰意识形态，从而阻止了俄罗斯重新控制那些新生的共和国，这是符合美国战略利益的。第二，防止伊朗宗教影响力的扩大（同样主要在高加索和中亚地区），因为伊朗仍不放弃利用宗教渠道来扩大其政治影响力的努力。第三，通过传播更为保守的伊斯兰思想，从而控制伊斯兰极端主义的泛滥。

然而在实践中，以沙特在伊斯兰世界的宗教角色为基础而形成的美沙合作战略处于尴尬境地，因为一些受沙特支持的宗教运动是反对美国的。此外，事实证明，沙特政府控制伊斯兰激进主义泛滥的能力也是有限的。一些沙特的宗教组织本身是支持伊斯兰极端主义的，并打算利用中亚和高加索地区的宽松环境来传播极端主义思想。此外，与美国的关系，也进一步削弱了沙特在伊斯兰世界的影响力，造成一些新的皈依者投入激进主义事业。

这两个事件发生后，我们需要思考 20 世纪 90 年代伊斯兰激进主义是如何发展起来的，特别要注意沙特国内稳定和美沙关系决定性地影响了某个人的活动，这个人就是本·拉登。

本·拉登与沙特关系的突然转折发生在 1990 年 8 月伊拉克入侵科威特后。虽然他长期以来一直强烈反对世俗的伊拉克复兴党政权，但他同样对沙特政府准备让美国军队在沙特驻军感到愤怒。沙特境内其他一些激进的伊斯兰组织也赞同他的观点，持同样观点的还有阿富汗境内主要受沙特支持的一些激进的阿富汗伊斯兰主义者。伊斯兰联盟的领导人在这个问题上特别激进，他们强烈指责沙特政府的立场。本·拉登和萨耶夫此时持有的立场反映了萨拉菲派组织内部认识上的变化，由沙特提供资金资助并受瓦哈比派思想影响的伊斯兰激进主义运动现在将批评的矛头指向了沙特政府。当年 9 月，本·拉登与国防大臣苏尔坦亲王举行了一次会晤，向他提出了另一种选择：本·拉登将组建一支和他在阿富汗作战的"圣战"部队相似的国际"圣战"力量（为宗教事业而战的战士），并以此来保卫沙特。尽管苏尔坦亲王拒绝了这项提议，但还是对作为"沙特家族忠实朋友"的本·拉登家族表达了敬意（Burke，2003：136 – 137）。

本·拉登此后在表达自己观点时更加尖锐，他在清真寺和其他地方举行的集会上的演讲更明确地谴责伊斯兰世界中与美国合作的那些政治领导人，以及那些以拒绝接受安拉戒律（不信道）为基础而行事的政治领导人。1991 年 5 月，他向"基地"组织成员发布了一份私人公报，呼吁组建一支"由 10000 名士兵组成的……纯净的穆斯林军队，他们随时准备为解放两大圣地而战"（Burke，2003：140）。然而，当时这一呼吁的政治意义并不显著。除了阿富汗与本·拉登合作的小型组织外，没有人把该组织称作"基地"组织，而当时在沙特国内引起关注的政治活动主要是向政府请愿。尽管本·拉登当时人在沙特，但他并不是 1991 年 5 月主要宗教人士和学者签署的"要求之信"的签名者之一。此外，本·拉登主要是对美国不满，因而寻求"解放"的目标是不让美国在沙特领土驻军。

1991 年中期，沙特政府对本·拉登采取宽松的"城市逮捕"形式，要求他未经允许不能离开吉达。1991 年后期，他以解决自己在巴基斯坦的一些金融事务为借口，获得了前往巴基斯坦旅行的机会。此后，他便再也未返回沙特，而是找机会搬到苏丹定居（Bergen，2001：85 - 86）。他拒绝返回沙特，并决定在对沙特怀有敌意的苏丹建立自己的势力表明了他已经决心疏远沙特。然而，直到 1994 年 4 月，沙特政府才剥夺了他的国籍，同时冻结了他留在沙特的少量资金（*Guardian*：11.4.94）。沙特政府采取这一行动的时间与本·拉登同沙特国内激进的伊斯兰主义者站在一条战线上有关。这一年，沙特国内激进的伊斯兰主义者与政府的对抗达到了顶峰，这也与本·拉登在伦敦设立办公室有关。本·拉登通过该办公室，发布对沙特政府的批评言论，并表达自己对反对派的支持。设在伦敦运转时间不长的办公室以"沙特咨询与改革委员会"的名义运作，发布人们抱怨现状和与宗教有关的公报。这些抱怨的内容包括不断上升的失业率、王室的奢侈开支、发布的不以伊斯兰教法为基础的立法以及海湾战争中资金的浪费，有一份公报甚至呼吁法赫德国王退位（Bergen，2001：96）。

直到他 1996 年被驱逐，本·拉登与苏丹政府在本质上是有矛盾的。苏丹政府欢迎他主要是出于经济考虑，本·拉登本人似乎也看到了他在苏丹首先应该是一名投资者。他可以为这个被伊斯兰主义者统治的贫穷国家带来经济发展和改善民众的生活条件。在苏丹生活的五年时间里，他利用自己的资源和其他与他合伙的个人和机构的资源，为苏丹带来了大约 20 亿美元的投资。他的项目范围从道路建设到贸易公司、农业项目、银行、制造业项目再到面包房（Bergen，2001：87）。但他同时积极参与国际伊斯兰事业，并与扎瓦赫里一起制定战略计划，以建立一支为伊斯兰事业而战的国际"圣战"部队。这种战略越来越多地体现在反对美国上，尤其考虑到美国在沙特有驻军后更是如此。他资助在阿富汗作战的阿拉伯"圣战"者在苏丹定居，并建立基地，为他们提供一定的军事训练，试图在反抗美国军事介入索马里的战斗中发挥作用，尽管实际目的备受质疑（Bergen，2001：87－90）。

20 世纪 90 年代早期和中期，国际恐怖主义成为国际体系中日渐发展的一大问题。其间发生的主要事件有：1993 年世界贸易中心爆炸事件、1995 年 7 月埃及总统穆巴拉克访问埃塞俄比亚时遭遇刺杀未遂事件，以及 1996 年美国在沙特胡拜尔大楼的爆炸事件。本·拉登常被指责参与了这些事件。然而，目前仍不确定他是否与以上事件中的任何一件有直接联系。前两起事件似乎是"基地"组织所为，而最后一个事件可能是与伊朗有联系的沙特什叶派所为。在某种程度上，正是这些组织极为分散的特征造成很难解决国际恐怖主义势力这个问题：国际恐怖主义势力并非在一个组织的领导下协调行动，因而也就不能用应对一个组织的方法来解决这个问题。尽管如此，本·拉登在苏丹的活动和其在苏丹发布的声明确实增加了鼓励这类攻击的思想动力，一些参与恐怖行动的人员也正是来自苏丹的基地。

毋庸置疑，当时发生的国际恐怖主义活动绝大部分都源于20世纪80年代阿富汗伊斯兰主义者培育起来的体系，因而从20世纪90年代初起，沙特与美国和巴基斯坦正自食其果。此外，这一问题对沙特政治发展的连续性产生了直接影响：国内政治稳定的动力（取决于各宗教势力之间的相互宽容）及美沙的密切关系和对美国的依赖。国内发展所带来的困境本身是复杂多样的，但又相互交织。阿富汗的阿拉伯志愿者中有大量的沙特人，沙特人在恐怖主义行动和组织中的突出地位，（与美国背道而驰的）激进的伊斯兰主义者在沙特大多数公共媒体中所获得的支持，以及一些受个人支持的与伊斯兰激进主义有关的活动，这些都是沙特政府所需要面临的问题。

有关沙美关系的难题同样严重。一方面，沙特与美国的合作刺激了针对两国的恐怖分子，这一点因沙特国内反对派的反对而进一步加剧。沙特国内反对派反对美国在沙特驻军，也反对沙特在政治上与阿拉伯、伊斯兰利益背道而驰的国家进行紧密合作。另一方面，与沙特相关的国际恐怖主义活动日益高涨，加强了沙特政权的危机感，使其更加倾向于向美国寻求保护。

1996年，本·拉登给苏丹政府带来了问题。当年3月，联合国对苏丹实施制裁，原因是苏丹未能向埃及移交两名来自"基地"组织的伊斯兰极端分子，他们被指控参与了对穆巴拉克总统的暗杀。苏丹政府不需要改善其国际环境，并与所有邻国和大多数大国的意见不一。美国和沙特都对苏丹施加压力，要求其关闭该国所有"圣战"营并驱逐本·拉登（Niblock，2000：199－208）。1996年5月，本·拉登同意离开苏丹返回阿富汗。起初他去了自己在阿富汗的前盟友希克马蒂亚尔控制的地区。苏丹人主动提出要向美国提供关于本·拉登在苏丹期间的活动信息，但该请求未被美国接受（Kepel，2004：91）。

国际恐怖主义对美国和沙特的 威胁进一步加剧（1996～1998年）

沙特政府显然希望本·拉登的活动范围仅限于阿富汗，这种想法是有其现实考虑的。塔利班逐渐扩大了其对阿富汗的控制，与本·拉登以前有联系的组织现在都在为塔利班作战。塔利班意图确保其对阿富汗领土的绝对控制，使各种伊斯兰激进组织的活动处在可控范围内。此外，沙特想要与塔利班控制的、统一的阿富汗建立一种特殊关系。沙特和巴基斯坦两国政府一起向塔利班提供资金支持，新建立的阿富汗政权需要这种持续的支持才能生存。除了巴基斯坦和沙特，1996年9月塔利班接管喀布尔时唯一承认塔利班政权合法性的只有阿联酋。阿富汗远离国际舞台看起来也是符合沙特目的的。本·拉登很快会发现，他难以利用这个荒凉地带来规划自己的想法，抑或是组织国际恐怖主义运动。因此本·拉登移居阿富汗后，沙特政府能够有效控制他，而不会出现在沙特境内起诉他的尴尬情况。

　　宗教因素也佐证了塔利班会与沙特合作。沙特瓦哈比派中的保守派一向认为瓦哈比派与塔利班支持的迪奥班德派有紧密联系。事实上，一些瓦哈比派分子把迪奥班德派看成是他们在南亚最亲近的盟友，以此为基础，沙特的私人和慈善资金自20世纪70年代以来流向巴基斯坦迪奥班德派经营的伊斯兰学校。然而，本·拉登和塔利班分子在思想和意识形态上存在很大的分歧。塔利班分子主张孤立主义、谋求内向发展，将重点放在控制和发展阿富汗上。塔利班分子所主张的宗教复兴要求回到更早的、更加公平的社会中，这与伊斯兰历史上著名的马赫迪运动类似。塔利班分子设想的回归是对普什图人乡村生活的浪漫描述（Burke，2003：123-124），而本·拉登关注的重心和焦点是在国际舞台上。

　　然而，沙特政府的评估是错误的。在抵达阿富汗的一年里，本·拉登已经与塔利班领导人建立了有效的联系。尽管他们在态度和观点上有分歧，但他们也有很多共同点。他们都主张对伊斯兰教的直接解读，并认为自己对伊斯兰教采取的是一种直译主义（literalist）的态度，认为自己是在异教徒（叛教者）和曲解的海洋中构筑了一个伊斯兰纯洁之岛（Burke，2003：181-184）。此外，本·拉登给这个贫穷国家可能带来的经济利益也吸引了塔利班。塔利班认为，本·拉登的存在可以制约沙特政府，让沙特政府也对其开展援助来限制本·拉登的影响力。

　　1997年，塔利班和本·拉登开始正式合作，此后四年，双方的关系既有合作也有摩擦。摩擦是由于塔利班缺乏钳制本·拉登的方法，同时，塔利班发现本·拉登"基地"组织正在把阿富汗变成外界的众矢之的。在教法上，塔利班不认为本·拉登拥有发布法特瓦的权力。在国际上，塔利班对本·拉登发表不利于塔利班寻求国际认可的政治言论极为不满（Bergen，2001：178–179）。塔利班成员和本·拉登一起战斗是因为认识到自己都是受害者，要一起面对外部的敌人。虽然塔利班领导集团偶尔也想将本·拉登驱逐出阿富汗，但是随着自己越来越孤立，他们不再试图这么做。塔利班未能获得国际认可既是本·拉登继续留在该国的原因，也是本·拉登驻留此地带来的影响。

本·拉登抵达阿富汗后不久，就表示有意要以阿富汗为基地积极追求其政治目标。1996年8月，他发表了一份8000字的《对占领两处圣地之间的美国人发动战争的宣言》，该宣言的一部分内容是谴责沙特，指控其偏离了伊斯兰正道，对广大民众不公。沙特王室家族一直遵循异教徒的法律法规，所以王室成员不能再被视为穆斯林，因而必须要抵制——这也是所有穆斯林都应该坚持的责任。另处，该宣言呼吁反抗正在占领"两处圣地"并在世界许多地方屠杀穆斯林的"十字军–犹太复国主义者联盟"。他呼吁建立"在阴影中快速机动的轻装部队"，可以"对侵略者出重拳"（Burke，2003：163）。

而其当务之急的重点就是美国。

除非解决问题的根源，否则局势将无法缓解……因此要打击那些将乌玛分裂为无数的小国……并在近几十年来使其处于混乱不安状态的主要敌人，这是重中之重（Burke，2003：165）。

这一特征鲜明的宣言的重要性值得强调，它标志着过去大多数伊斯兰运动组织所采取的立场有了实质性的改变：过去伊斯兰运动的首要目标是打击那些被认为背叛了伊斯兰传统的伊斯兰国家。而当前，至少本·拉登的关注重点已经不再是伊斯兰国家内部的变化，而是当代穆斯林苦难的根源。在1996年10月的一次采访中，他重复并强调了这一点："求同存异对团结我们的队伍是至关重要的，只有这样我们才可以击退更大的库弗尔（不信者）。"（Burke，2003：165）1998年初，本·拉登更加明确地表达了穆斯林应搁置分歧，以对抗美国和西方世界的想法。1998年2月在宣布建立世界伊斯兰阵线的声明中，本·拉登呼吁在伊斯兰世界内放弃派系主义，并且为使用暴力反对美国而辩护。声明说，"为了解放阿克萨清真寺和圣寺……为了将美国及其盟友的军队赶出伊斯兰教的所有土地"，杀害美国人及其盟友（包括平民和军人）是正当的。后一种观点也体现在《反犹太人和十字军的圣战宣言》中（Burke，2003：176）。

20世纪90年代末至2001年9月发展起来的国际恐怖主义日益与本·拉登和"基地"组织联系在了一起。本·拉登周围的一些内部组织曾与他一起从喀土穆来到了阿富汗，而另一些人（最著名的是扎瓦赫里）在本·拉登抵达阿富汗后不久也加入了他的组织。在这个阶段，从1998年8月美国驻肯尼亚和坦桑尼亚大使馆被炸到袭击华盛顿和纽约的"9·11"事件，大部分的重要恐怖袭击都是专门针对美国的。尽管沙特境内也发生了一些恐怖袭击，但这些袭击的目标都是针对美国在沙特的力量。

尽管少部分沙特人与国际恐怖主义的发展有联系，但现阶段这对美沙关系没有产生不利影响，两国政府将自己视为"基地"组织恐怖袭击的共同目标。虽然暴力活动主要是针对美国的设施，但本·拉登对沙特的抨击给沙特王国的稳定也带来了直接威胁。本·拉登在许多沙特人心中的声望很高，使得这些抨击很有分量，从而助长了沙特国内伊斯兰激进分子发起的叛乱。此外，沙特对美国在该地区的军事战略仍是至关重要的。沙特为美国提供了军事设施和作战中心，美国以此为基地监控和随后进攻萨达姆统治下的伊拉克，并监督伊朗的活动。

此外，沙特是少数几个可以观察并可能影响塔利班活动的渠道之一，人们仍然有理由认为沙特的影响力在消除"基地"组织威胁方面是有效的。本·拉登领导的武装力量的加强促使沙特政府向塔利班政权施压，要求塔利班政权驱逐本·拉登并迫使他返回沙特。1998 年 6 月，图尔基亲王（沙特情报局大臣）与塔利班领导人穆罕默德·奥马尔就此达成协议。奥马尔本人对本·拉登发表的《反犹太人和十字军的圣战宣言》感到愤怒，该宣言是在没有事先与他协商的情况下发布的。奥马尔唯一的要求是召开沙特和阿富汗乌里玛联合委员会，以提供法律上的合法性。然而，当图尔基亲王带着两架飞机和足够的军事人员抵达阿富汗引渡本·拉登时，事态发生了变化。1998 年 8 月，美国驻肯尼亚和坦桑尼亚大使馆遭到炸弹袭击，以及美国针对阿富汗"基地"组织训练营地进行导弹袭击的"无限延伸行动"，使塔利班采取更具偏袒本·拉登的立场。1998 年 9 月初，塔利班领导人拒绝交出本·拉登，因此图尔基亲王无功而返（*Guardian*：5.9.01）。

美沙关系之牢固，即使是在克林顿总统时期也未能导致双方分道扬镳。事实上，美国国务院关于人权现状的年度国家报告中，详细描述了沙特的人权情况：基于性别和宗教的歧视被看作"合法而有序的"。侵犯人权的领域包括镇压什叶派穆斯林，虐待从事家政工作的外国妇女，普遍歧视妇女以及缺乏公民自由、政治权利和工人的权利。此外，在 1995 年和 1996 年的报告中，美国仍指责沙特政府侵犯人权，称沙特政府"犯下并容忍严重侵犯人权的行为"（US-DOS，1995）。早期的报告没有直接归咎责任，然而美国官员一般不愿公开表示对沙特境内侵犯人权行为的关注。甚至在美国向沙特出售武器的国会听证会上也没有提到人权，也没有任何证据表明人权在两国外交交往中占有重要地位，这项政策似乎是"沉默和不作为"（Labooncharoen：45）。

从东非爆炸到"9·11"事件（1998～2001年）

1998 年 8 月 7 日，美国驻肯尼亚和坦桑尼亚大使馆遭到自杀式袭击，美国的反应对事态的发展至关重要。袭击是在法赫德国王允许美国向沙特派遣军队的纪念日发生的（Kepel，2004：92）。本·拉登拒绝对此次袭击负责，这也许是为了撇清自己与这一未经塔利班领导层批准的行动之间的关系。然而有些实质性的证据表明，这两个事件确实是由"基地"组织煽动和实施的。不管怎样，本·拉登还是表示了对这些行为的支持。作为回应，8 月 20 日，美国对阿富汗与"基地"组织有关的设施进行了导弹袭击，主要目标是科斯特（Khowst）附近的巴德尔（al-Badr）营地，据悉袭击前不久本·拉登在此地参加了与"基地"组织高级领导人的会晤（US-NC，2004：116）。苏丹的一家制药厂也遭到导弹袭击，美国政府声称该厂与"基地"组织有关，并正在生产一种容易批量生产的化学品来制造神经毒气（US-NC2，2004：117）。

尽管这种自杀式袭击造成东非地区大量无辜平民伤亡，但"基地"组织力量却因 1998 年 8 月事件得以进一步加强，本·拉登周围有了一些新的光环。在激进的伊斯兰主义者眼中，他是真的在反对美国，他也有在世界更大范围内打击美国利益的实际能力（Burke，2003：181）。美国旨在报复、杀死本·拉登及其亲密盟友的行为被证明是无效的。与此同时，美国在苏丹轰炸了一个目标，但很快就被证明这一制药公司与化学武器生产和本·拉登没有关系，它是无辜的（*Observer*：30.8.98）。这些事件给美国带来的教训是，美国是一个无能的超级大国：不公正地打击任何方便打击的目标，并且无力惩罚那些决心挑战它的人。毫无疑问，这一结果是东非袭击者想要追求的。

这些事件对"基地"组织、塔利班、沙特和美国的影响都相当大。本·拉登在伊斯兰世界内部已经成了新的膜拜对象：他成了对美国以及不公正的世界秩序反抗的象征。这位"基地"组织领导者在阿富汗经营的营地吸引来了更多的追随者，从而自发地聚集了一支由激进的伊斯兰主义者组成的"国际军队"。这支军队的成员不依赖于中央领导层的领导，他们愿意献出生命，并坚信美国是他们主要的敌人，因此他们能够独立组织袭击活动。事实上，激进分子在阿富汗营地的存在并非绝对必要——尽管这无疑会对训练和教育宗教分子很有帮助。这里，更为重要的是这一观念的传播：激进分子可以在他们认为合适的时候直接袭击美国这一目标。

对塔利班来说，采取行动的空间已经很狭小。它现在不能把本·拉登驱逐出阿富汗，因为这会让它在伊斯兰世界失去颜面。塔利班日渐依赖"基地"组织，因此再也收不到沙特政府的财政支持，巴基斯坦政府也渐渐切断了对其军事后勤上的援助，其结果最终是它只能依靠"基地"组织的激进分子来控制阿富汗和筹集资金（主要来自献身于伊斯兰激进主义事业的人的个人资源）。在接下来塔利班统治阿富汗的三年里，这两种运动日益紧密地交织在一起，以至于它们在阿富汗境内的身份角色不再清晰（Berger，2001：175－178）。

这些变化对沙特的长期影响是突出的。沙特政府现在控制本·拉登在阿富汗活动的能力非常有限，将他驱逐出阿富汗的希望都破灭了。虽然沙特与塔利班的外交关系并没有破裂，但已经降到了冰点（US-NC，2004：122）。在心怀不满的沙特人眼中，本·拉登的地位越来越高，越来越多的沙特年轻人前往阿富汗。2001年，美国对阿富汗采取军事行动后，美军抓获了大批沙特人，并将他们送往关塔那摩基地的德尔塔拘留营。截至2004年4月，关押在关塔那摩基地的所有人中大约有1/4是沙特人（650人中有160人是沙特人，*UPI*：2.4.04），是迄今为止关押沙特人数量最多的基地。而且那些被关押者也只占加入阿富汗"基地"组织中沙特人的一小部分。据估计，2001年在阿富汗加入"基地"组织的沙特人总数在1万人左右。一些人在幻想破灭后放弃了他们的激进立场，但更多人带着他们对沙特政权的愤懑回到了沙特。他们受过军事训练，也有战斗经验，成了2001年之后沙特政府所面临的最主要的恐怖主义威胁来源。

虽然这些对美沙关系没有产生直接影响，但未来危机的根源正在迅速发展。2001年9月，"基地"组织对纽约和华盛顿袭击后，美国和沙特两国政府都没能采取协调一致的行动来应对它们所面临的威胁。美国政府未能认识到"基地"组织开展大规模反美行动的能力，也未能明白美国在大中东地区的政策是如何滋生伊斯兰恐怖主义的。就沙特政府而言，它不能或是不愿意面对国内的宗教发展基础，以及这一基础对"基地"组织理念的传播，并给"基地"组织提供了巨大支持这一现实。沙特人提供的私人资金对维持"基地"组织建立的国际恐怖主义基础设施来说帮助是很大的。

政府与公众舆论之间的鸿沟正在拉大。正如这些事件所显示的，这一鸿沟是限制美沙两国政府行动空间的关键因素。国内环境对于塑造这一关系有着新的意义。就沙特来说，新闻报道在传播这样一种认识：美国与该地区阿拉伯和伊斯兰的利益是有冲突的（*NYT*：4.12.00）。人们对美国在沙特驻军的怨恨进一步激起了这种情绪，但中东地区正在发生的事件对这种情绪的发展更是火上浇油。特别重要的是，2000 年 9 月巴勒斯坦爆发的第二次起义以及联合国制裁对伊拉克民众的影响进一步激发了沙特民众的不满情绪。的确，中东地区发生的这些事件刺激着沙特年轻的激进分子前往阿富汗"基地"组织的营地接受训练和教育（Kepel，2004：102 - 103）。舆论氛围使沙特政府难以消除正统的宗教领袖的影响力，虽然正统的宗教领袖们与政府关系密切，但他们仍在民众中传播激进主义的观点。然而，鲜有证据表明沙特政府在认真考虑这种发展倾向。

在美国，主流的公众舆论也与两国关系的发展背道而驰。美国舆论不断批评沙特的人权状况，指责其未能遏制伊斯兰极端主义，抨击沙特资金流入巴勒斯坦去支持抵抗以色列的行为。虽然这些也是通过官方渠道进行的，但仍能反映出其对美国的价值（*FT*：30.8.00）。两国领导人亲密的个人关系在防止两国冲突中发挥了一定作用。共和党总统（乔治·W.布什）2001年1月入主白宫后，美沙领导人之间的关系就特别重要。沙特高级王公和美国共和党高级官员之间的密切接触已有一段时间，这种交往部分是通过沙特驻美国大使班达尔·本·苏尔坦亲王的斡旋而进行的。相互交织的金融利益进一步巩固了相关人员之间的关系（Moore，2003：6-15）。1998年，在2000年美国总统选举准备期间，有关共和党高级官员与沙特高级王公会晤的消息不胫而走，他们的目的是要制定一项有关中东的共同战略。据报道，沙特承诺执行一套对美国商业有利的政策，作为交换，美国承诺在巴勒斯坦问题上执行更强硬的路线。乔治·W.布什2001年就职总统时，双方都认为沙特和美国的关系需要进一步加强。

"9·11"事件的影响（2001~2005年）

2001年"基地"组织袭击纽约和华盛顿的"9·11"事件发生后，如果人们还认为沙特的宗教影响力可以促进美国中东地区安全和政治利益的实现就不现实了。在袭击发生的一天内，人们都知道19名劫机者中有15人是沙特人。"9·11"事件的新闻播出后不久，人们就推测本·拉登是袭击背后的主谋。由于无法控制伊斯兰主义在本国的发展，沙特政府不再是打击更广泛的伊斯兰主义组织的有效力量。两国领导人之间亲密的个人关系使得那些想离开美国的沙特人可以立即成行，美国的沙特人预感到美国民众很快就会强烈抵制他们。在事件发生后的一周内，大约有 600 名沙特人离开了美国，其中有沙特王室家族的成员和沙特著名商业家族的成员。"9·11"事件后两国关系变化的一个标志是沙特未参加当时美国在中东地区的两项主要军事行动：在阿富汗的军事行动（2001 年 11 月开始）和在伊拉克的军事行动（2003 年 3 月开始）。

美国认为沙特对现状负有间接责任，所以美国对沙特的政策开始发生变化。这一点在非政府组织中表现得最为突出，美国媒体和许多畅销书籍都表达了对沙特，乃至于对伊斯兰教负面的看法。这些书抓住并调动了民众的情绪，其中包括《仇恨的王国》（Gold，2003）、《与魔鬼共眠》（Baer，2003）和《伊斯兰教的两副面孔：从传统走向恐怖的沙特家族》（Schwartz，2002）。智库报告助长了批评的热潮，兰德公司 2002 年关于沙特的报告将沙特描述成美国的敌人，而卡托研究所 2004 年的报告则列举了美国与沙特的持续关系而带来的所有负面影响，呼吁美国摆脱以前建立的亲密盟友关系（CATO，2004：543）。民意调查见证了美国公众对沙特态度的变化，2001 年 1 月，58% 的受访者对沙特持赞成态度，而在当年 12 月时，只有 24% 的人持赞成态度（Gause，2002）。

美国非政府组织的舆论在两个方面对美国外交政策产生了重要影响。首先，"9·11"事件对大众意识的影响，使得美国与沙特的关系成为全国辩论的焦点，美国国内环境的这一变化已不容忽视。其次，公众批评与政府态度之间的界限是模糊的。对沙特的一些批评是由那些反对美国政府政策的人提出的，他们声称两国领导人基于他们的经济利益继续串通一气，其他批评者则来自接近美国政府决策中心的智囊团（*Guardian*：24.11.02）。政府内外的新保守主义者跨越了政府政策与民间舆论之间的分歧，他们的观点体现在智库报告中。例如，卡托研究所的报告来自一个在外交政策问题上持（政府内外）新保守主义人士的观点。无论如何，政府的政策与智囊团的批评之间有重要的重叠之处：政府的路线更具外交意义，但却涵盖了类似的一些问题。新保守主义者中一个共同的主张是，沙特是中东地区问题的一部分，而不是解决方法（Geoffrey Kemp in *al-Ittihad*：23.6.02）。

许多问题可以被看作来自政府的批评，以及美国以这些批评为基础向沙特施加的压力。批评的意义在于确定了政策指向的中心，这些批评重点围绕沙特政治和经济体制的关键方面展开。美国的评论者批评沙特的教育体制向沙特人灌输对犹太人和基督徒的偏见；这些批评者还指责沙特一大批持有宗教学位的毕业生在国内找不到工作，从而为伊斯兰激进主义提供了追随者。批评者认为，沙特的政治体制未能提供人们公开讨论和阐述民众不满的渠道。如果没有这些渠道，这种不满就被迫以极端和暴力的形式表达出来。有人指出，沙特经济改革不充分，导致人们在社会经济活动中出现了不满。沙特需要大量外国投资，以便创造更多的就业机会，但是体制内根深蒂固的利益关系阻碍了这一目标的实现，其目的是维护给政府高层带来财富的腐败。除了针对社会经济政策以及政治结构方面的批评外，人们还在继续批评沙特未能阻止其人力和物力资源流向"基地"组织（*Guardian*：15.5.05）。

大多数批评都是有效的，这从本书的其他章节中也可以看出，但实际上，2001年出现的这些批评并不比过去25年内类似的批评有效。此外，这些政治和经济上的缺陷不仅仅是因为沙特政府的治理不善，而且与美沙关系本身密切相关。美国的支持鼓励沙特政府忽略政治改革的诉求，并使得沙特的资源远离社会经济的发展，而转向极具浪费的军事开支。沙特国防防务条约中通常包含大量的"代理费"，这些代理费都进了那些与政府高层亲近者的腰包。

沙特政府对"9·11"事件的反应对美沙关系的发展同样重要。沙特最初的反应是否认沙特公民在这次袭击中扮演如此重要的角色。然而，一旦确定19名劫机者中有15人是沙特人，沙特政府就不得不重新关注其国内环境。那些准备支持恐怖主义的沙特伊斯兰主义者显然正从国家政策的各个方面获得资源，不管国家政策是支持他们还是反对他们。一方面，伊斯兰主义者的宗教观念是基于对瓦哈比派思想的特定解释，是在国家提倡的宗教环境中逐渐成熟的；另一方面，社会不平等和政治上拒绝参与强化了激进主义的传播。许多激进分子来自沙特人口中被边缘化了的群体，他们的宗教狂热往往与对沙特政府政策的激烈批判有关，尤其批判美国在沙特驻军。

沙特政府对自身政策的重新评估最终促使两个领域的政策出现了调整。这两个领域的政策调整影响了美沙关系的发展。沙特政府再次强调了政治和经济改革，当然，这与美国的政策相一致。然而在实践中这并没有为改善两国关系作出很大贡献，而且还在某些方面产生了新的争议。现实情况是，沙特政权距离民主自由仍很遥远，而美国认为民主自由是中东地区稳定和繁荣的基石。随着美国日益加快其宣称的民主改革议程，这一点变得越来越明显，美国最初在伊拉克战争后只是一般性地提及要传播民主，但在2002年3月、2002年6月和2003年6月提出的中东伙伴关系倡议、中东自由贸易区建议和"大中东"计划中，美国则给出了更加具体的建议（Niblock，2003：47－58）。如前几章所述，沙特的政治和经济改革自20世纪90年代初以来就一直列在沙特政府的议事日程上。2001年后，随着市政选举的举行，暗示要为妇女创造更多的就业机会（*Guardian*：6.7.02），以及推行新的经济自由化政策，沙特改革的步伐确实加快了，但这一制度明显是不自由的。沙特政府对美国提出的"大中东"计划的回应是消极的、持批评态度的。此外，在经济领域，沙特政府不愿将经济开放到美国所追求的程度。美国与海合会其他成员国缔结的自由贸易协定被视为是蓄意破坏沙特的经济基础。对美国来说同样关键的是沙特教育改革进展缓慢，在这个政策领域，乌里玛有效抵制住了变革。

美国在沙特的驻军在一定程度上激发了伊斯兰激进主义，因此政府逐渐开始重新考虑其对美国驻军的态度。可能导致这种转变的原因是沙特统治层内部对美国不断改变的态度感到震惊：在几个月内，沙特从美国的重要盟友和伙伴变成了一个问题国家。沙特公民在美国的活动受到密切监视，沙特人再也无法轻易进入美国，一批沙特最富有、最有势力的人（包括国防大臣苏尔坦亲王）发现自己收到了美国法院的私人法律诉讼（*Guardian*：19.10.02）。这些诉讼是由代表在"9·11"事件袭击中失去亲属的美国公民的律师们提出的，指控部分沙特家族成员通过向"基地"组织提供援助的慈善机构而间接卷入了"9·11"事件。2002年9月，一项基于受过教育的沙特人的民意调查显示，87%的受访者对美国持否定态度（Zogby，2002：61）。

另一个促使沙特政府在"9·11"事件后重新考虑其对美国驻

军态度的因素源于海湾地区的战略规划。美国准备在该地区使用军事力量的趋势越来越明显，最初是在阿富汗，然后是在伊拉克。沙特可能被视作美国攻击其他伊斯兰国家的跳板，沙特因而成了伊斯兰世界攻击的对象，所以 2001 年 10 月美国袭击阿富汗塔利班政权时，沙特政府拒绝让参战的美国飞机使用沙特机场。尽管如此，设在达曼的美国空中作战指挥中心仍负责军事指挥行动。2002 年初，随着美国将注意力转向伊拉克，沙特支持美国对伊拉克进行陆上攻击的问题出现了，沙特领土将成为最方便的行动基地。然而，2002 年 1 月，第一次有人提出沙特暗示要求美国从自己领土上撤出其军事力量（*Guardian*：19.1.02），沙特政府尤其不愿美国用沙特的领土来攻击伊拉克，因此，随着攻打伊拉克计划的推进，美国开始注重在海湾其他国家（特别是卡塔尔）选择建立军事基地。2003 年 4 月，美国宣布撤出其在沙特的驻军（*Guardian*：4.4.03），2003 年 8 月美国撤出了在沙特的所有军事力量（除 200 名军事训练人员外）。8 月，美国的空中作战指挥中心也迁到了卡塔尔的乌代德营地。

　　2003 年 3 月美国对伊拉克发动进攻时，美沙双方之间密切的军事合作已经结束。沙特没有参与战争，没有提供设施、派遣部队，更没有提供资金支持。沙特没有参与对美国来说如此关键的军事行动，表明两国关系已发生了较大变化。战后不久，美国参议院共和党议员阿伦·斯佩克特在美国国会两院提出了《追责沙特法案》。这一法案于 2003 年 11 月被搁置，其要求美国总统提供沙特在尽最大努力打击恐怖主义的证明。根据该法案，如果无法提供这种证明，美国将对沙特采取一系列措施：禁止出口《武器出口管制法》所涵盖的军事防御物品和《商业管制清单》上的任何物品

（经济或军事物资）；将境内的沙特外交官的行动范围限制在离华盛顿半径 25 英里的范围内（*NYT*：19.11.03）。截至本书定稿的 2005 年年中时，该法案仍处于国会讨论中。

伊拉克战争结束后，美沙关系的发展又遇到了新的压力。美国指责沙特未能阻止沙特人加入伊拉克反美的行动中。据估计，在伊拉克作战的外国战斗人员中，大约 1/4 是沙特人（尽管这些外国战斗人员只占整个反美分子的一小部分）。实际上，沙特政府阻止沙特人加入反美活动的能力有限。一些加入反美组织的人长期待在沙特境外，是"基地"组织激进分子国际分支中的一部分，他们游走于伊斯兰主义者发起的不同斗争中，其行动不在沙特政府的控制之中。此外，那些从沙特出发去旅行的人也不好阻挡——两国之间的陆地边界线很长，况且旅行还有许多间接路线可以选择。美沙之间出现了新的不信任，就沙特来说，其怀疑美国有意夺走伊拉克逊尼派阿拉伯社区的权利，或允许在伊拉克建立什叶派政权。

沙特本身已成为恐怖主义袭击的首要目标，2003～2004 年这种袭击达到了高峰（*Observer*：9.11.03；*Guardian*：24.6.04）。在阿富汗作战的人员回到沙特，以及伊拉克战争给伊斯兰激进主义发展带来的新动力是这一情况出现的原因之一（*Guardian*：21.11.02）。另一个原因是国际恐怖主义的不断发展：激进的伊斯兰主义组织此时更自发地在国际舞台上活动，而非由"基地"组织领导层发布具体指示。美国军队从沙特领土撤离后，沙特政府赢得了一些更坚定的伊斯兰反对派的支持（*MidEast Mirror*：1.12.03），这些人对沙特持更温和的立场，但外部煽动的极端主义传播范围在沙特国内不断扩大（*Observer*：28.7.00）。至于改革措施，这些只会在较长时期内取得成效。改革没有给底层民众的生存环境带来直接变化。

巴勒斯坦问题的发展加剧了沙特政策制定者的困惑。这一地区冲突的加剧，以及冲突在沙特和其他阿拉伯人之间带来的感情冲击，正在助长国内和区域的不稳定。事态的发展激起了人们对极端主义运动的支持，促使沙特政府提出了一项旨在实现阿以和解的新倡议。除了确保区域和平外，该倡议还为沙特重建外交地位提供了建议：重申其对阿拉伯世界外交领导权的要求，并因对以色列采取建设性的和解态度而赢得了美国的赞赏。2002 年 2 月，阿卜杜拉王储提出了该计划，并于 3 月 27 日提交给了在贝鲁特召开的阿拉伯国家首脑会议讨论（CRS，2003：10）。该计划意义重大，与以往的阿拉伯和平计划（除了以色列和埃及的《戴维营协议》外）不同的是，它设想了一个解决方案：阿拉伯国家将与以色列建立"正常关系"。当时的承诺不仅承认以色列的主权并维护和平，而且各国之间展开一系列正常的经济、文化和政治合作。当然，以色列方面要付出重大的代价：撤出其 1967 年占领的所有土地。尽管后一项条款与早先的阿拉伯和平计划是一致的（事实上，它重复了 1981 年"法赫德方案"中使用的语句），但在此时重申这一条款有很重要的意义。以色列政府坚持保留对耶路撒冷和约旦河西岸大部分地区的控制，这已被美国决策者所接受。

美国和其他西方大国未能公正地处理该计划中平衡各方微妙关系的内容。人们赞赏沙特政府准备与以色列维持正常关系，但人们低估了与这一提议有关的条件。2002 年 4 月，阿卜杜拉王储访问得克萨斯州期间，小布什总统将阿卜杜拉王储描述成"有才干的政治家"，而白宫发言人则提到了美国方面和沙特计划之间的"分歧领域"（CRS，2003：10）。美沙关系也没有取得重大成果，沙特外交上的主动权很快在伊拉克战争中失去了。

尽管推动美沙关系的动力发生了变化，但双方仍有合作基础。沙特与美国在商业往来和军事供应方面的利益仍然紧密地交织在一起。沙特的海外资产和私营部门的海外资产主要还在美国，美国仍是沙特的主要进出口国，沙特的大部分外国投资仍来自美国。沙特资源的吸引力实际上仍为双方政治上的一些接触提供了条件：2005年5月阿卜杜拉王储访问美国时，美国公司获得了价值6130亿美元的投资机会（*Arab News*：6.5.05）。王储这次访问的目的是恢复两国之间的信任关系，美国仍依赖沙特来应对石油输出国组织（OPEC）内部要求提高油价的压力，并化解中东地区对美国在巴勒斯坦和其他地区政策的敌对。沙特一些高级王公和美国总统圈仍有密切的个人联系。此外，美军的撤离并没有削弱沙特对美国在该地区驻军的战略依赖。在没有美国军队的情况下，沙特对美国军售的依赖可能更为突出。

结　论

在21世纪初，沙特政府面临在外交政策困境下如何协调其国内利益、安全需求和全球战略之间的关系的问题。尽管自沙特建国以来，这种两难困境一直以不同的形式存在，但当今这一困境的严重性在于明显不相容的不同利益主体的存在。加强沙特国内民众对政府的支持、打击国际恐怖主义、在促进海湾地区和更广大中东地区的和谐与安全上发挥区域作用，以及协调同美国的关系以保证沙特生存所必需的支持，沙特要在以上这些要素之间保持合理的平衡越来越难。鉴于维持美沙关系有其他方面的代价，沙特国内外逐渐对沙特维持对美国的依附价值提出了质疑。重新调整沙特外交政策的重点将有助于沙特国内环境的和谐，以及发展与其他中东国家之间的建设性关系。然而，沙特政府需要改革自身的发展结构并增强在变革中发展的动力。从长远来看，沙特将国际合作转向南亚国家和东亚国家会很好地服务自身的利益，这些国家的经济增长迅速，政治影响力也在不断增强，因而它们可以成为可行的合作伙伴。

结语　危机、改革与稳定

　　我们已经解释了影响当代沙特不同历史阶段发展的各种因素。现在的任务是评价一个由沙特家族统治的国家未来能否生存，如果可以生存，沙特将以何种形式发展。阿卜杜拉国王即位后，是时候评估政府的优势和不足了。以此为基础，我们来分析可能决定政权生存或垮台的各种因素。

　　对沙特政府早前面临的危机进行评价是最好不过的。有分析显示，沙特自生产石油以来，经历了三个敏感的危机时期。"敏感危机"是指国家的统一受到国内或国际环境挑战的威胁。三个危机时期分别是 1958～1962 年、1979～1980 年和 20 世纪 90 年代中期以来的这几年（特别是 2001 年）。在每次危机中，威胁的产生都是由于国家政策未能解决大多数人面临的问题或满足他们的关切。在实践中，国家推行的政策本身产生了问题，对政府追求其他目标时产生负面效应。

　　在前两个危机时期，外界普遍预测沙特政权注定要逐渐解体或突然垮台。1958～1962 年，阿拉伯民族主义在中东地区的扩展

（它推翻了埃及和伊拉克的君主政体）似乎准备将沙特阿拉伯共和国添加到中东地区共和国的系谱中。同埃及和伊拉克的君主制相比，沙特君主制似乎更要落后，更不适应现代化的条件。而在1979～1980年，有人假设——尽管从来没有实现过——沙特将经历和伊朗一样的变革过程。作为另一个亲西方的君主政体，沙特被认为在为美国利益服务，并把金钱浪费在购买美国无法使用的军事装备上，伊斯兰激进主义浪潮将损害受伊朗指导和鼓励的这个体制的信誉，并导致其灭亡。今天更是如此，尤其是自2001年"9·11"事件以来，经常有人预测沙特政权会崩溃。这些趋势预测现在集中体现在这样一种认识上，即沙特政权正面临着无法解决的问题，这些问题迟早会摧毁它。

与早期危机的结果进行比较可能是有启发的。1958～1962年，如果没有结构性改革，沙特政权面临的挑战就不可能得到解决。换言之，国王沙特统治中面临的问题不仅仅是政府的无能，还与政府的发展动力有关。就这些发展动力来看，资源分配没有解决正在出现的问题，而是加剧了这些问题的发展。一个强有力的、中央集权的领导和管理才能够直接解决问题，而不是通过中介解决。新的合法性基础——对现有合法性基础的补充——是在国家直接向人民提供福利、改善基础设施和促进民众发展的基础上建立而来的。幸福的合法性对政府的统治权至关重要，因此国家面临的问题可以通过结构的变革得以解决。

1979～1980年危机时期，政府应对这些挑战的办法是通过重整现有的制度体系，而不是改变政府的管理流程。重整现有体系的关键是再次强调与宗教圈子的合作。宗教领袖们现在重新获得了他们在 1962～1979 年失去的一些直接权力，以及中间人的作用，这些人再次成了支持政权的基础，不单单是提供建议、发挥影响力的来源。同时，政府进一步加强了推动社会福利、经济发展和社会基础设施建设的政策。政府这样做的目的显然是要加强该政权的幸福合法性，确保民众的安宁。本书一直主张，政府在 1979 年伊朗伊斯兰革命后回避结构性政治改革的决定是一个重大误判。沙特政府没有走向更加多元化的发展道路，而是更加严格地控制社会，并让瓦哈比派的乌里玛掌握执行政策的关键部门。沙特政权没有为政权合法性中的民主/结构性要素奠定基础，而是赋予宗教领袖权力，他们进而可以继续严格限制国民的行为和言论。1991 年海湾战争结束后，当这个体制框架内培育的一些宗教人士转而开始批评国家的行为时，沙特政府无法有效地规划奠定其政策合法性的基础。

沙特政府在当前危机中面临的各种问题只能通过结构性改革才能予以补救。正如 1979～1980 年发生的那样，只是对现有体制进行干预显然不够。这种情况更类似于 1958～1962 年，尽管所需变革的类型截然不同。本书在分析中提出了沙特今天面临的三个主要问题：如何使沙特劳工具有国际竞争力并减少对外籍劳工的需求；当依赖的联盟在部分方面造成不安全时如何维护政权安全和国家安全；如何将当前疏远政府的一些组织纳入这个体制之中。沙特政府已经认识到了这些问题，并采取了一些解决这些问题的措施。然而，下文中的每个问题都与当前沙特国家结构中固有的特征有关。这些问题的解决需要沙特政府发展出一些新的合法性基础来，即民主/结构性。这个政权的生存取决于其解决这些问题的能力。

第一，劳动力问题。这一问题的实质是沙特要进一步融入全球经济体系，政府出于政治和经济原因需要雇用在国际市场上有竞争力的劳动力。沙特申请加入世贸组织体现了政府致力于融入全球经济体系，私营部门必然在经济中会发挥日益突出的作用。实际上，沙特境内的外籍劳工已经具有国际竞争力且就业率较高，而沙特本土劳工的薪酬和条件要高于外籍劳工。要解决这个问题可以采取以下两种方式：要么允许继续（并可能增加）雇用外籍劳工，要么降低沙特劳工的报酬和为沙特劳工提供的保护。前一种方法对大多数沙特人来说是不可接受的，并且会造成沙特失业率的不断上升进而破坏社会稳定。后一种方法会削弱该政权幸福合法性的基础，因为该政权以向大部分民众提供惠民条件而赢得支持。

从其他巩固幸福合法性基础的方式中可以找到一些解决问题的要素，即通过改善福利供给，加强使所有人受益的社会基础设施建设。然而，仅仅依靠这一点是不明智的。这一举措要求在合法性基础上增加民主/结构性要素，即使只是为了分散对经济结构调整的责任。此外，当民众承担起表达自身需求并确保其实现的责任时，为追求幸福目标而改进福利供给和社会基础设施也是最有效的措施。

第二，安全问题。不管安全威胁是来自国内还是国外，沙特与美国的密切关系一直是维护政权和国家安全的关键因素。然而，这种关系也对沙特带来了安全威胁，使沙特政府与许多人被认为与违背阿拉伯和穆斯林利益的区域和全球政策联系在了一起。20世纪90年代，沙特政府面临的国内威胁重点是美国在沙特领土上的驻军，沙特政府因而发现自己陷入了两难困境：满足其认为要美国支持的需求本身增加了对美国支持的依赖。

沙特与美国关系密切的原因需要做些说明。毫无疑问，需要美国支持的情感部分是因为要平衡地区力量，以及沙特石油资源对掠夺性大国的吸引力。沙特比周边许多区域性大国的人口规模要大得多，因此拥有维持更大规模军队的人力。然而，如果我们不考虑沙特的国家政治体制，就很难理解沙特为何缺乏自我防御的自信以及沙特政府的无助。沙特用于防务的预算占国民经济预算的40%，拥有部分世界上最现代化的武器，因此其应该有能力成为地区安全的有效保障，以及维护自己安全利益的能力。

问题可能在于沙特政权对片面的合法性基础的依赖。如第一章所示，建立在宗教、意识形态或传统基础之上的合法性难免片面。那些不具备合法性认同基础的人（例如，非瓦哈比派，当国家以瓦哈比派的思想为基础时）容易与政府疏远。他们的效忠可能通过个人或幸福合法性的渠道来凝聚，但这取决于政府领导层的有效程度以及政府能在多大程度上创造出民众共享的经济正义。因此，在片面的合法性的形势下，国家存在着通过动员被疏远的部分人口——可能发动或伴随军事政变——来改变政权的机会。在有外部大国可能通过宗教、民族的共同情感或政治操纵为这些边缘群体提供支持的地方，威胁就变得尤为突出。尽管沙特政府旨在确保其军事力量是以支持政权的那部分民众为基础，并将国民卫队作为正规军队的制衡力量，但仍存在不确定性，因而外部的保障仍是有必要的。

解决安全问题的方法还是要培育一种新的合法性基础。沙特所需要的与大多数民主国家的情况类似：要让大多数人相信，不管其奉行的政策是否受到好评，政府有治理权。任何军方支持的变革尝试都会受到民众被动地、也许是主动地抵制。此外，在当今的全球秩序中，国际体系也抵制军方废黜民主政府的行为，特别是沙特作为在区域和国际上有着重要作用的国家。因此，对沙特政府来说，安全问题的解决方法是要为其政权培育一种持续发展的民主/结构性的合法性基础，在这种情况下政府对外政策的选择范围将会大幅扩大。

第三，激励目前被疏远的群体放弃非宪法的变革途径并解决其在体制内工作的问题。这使得沙特政府有建立民主/结构性的合法性基础的需要。然而，这里还有一个需要思考的问题。作为 1979 年以来政治发展的结果，民众层面上唯一有效的社会动员是由伊斯兰主义组织进行的。这些组织通常不热衷于寻求民主化，而是要全面实施伊斯兰教的准则。开放政治选举肯定会使具有伊斯兰主义思想的人进入权力层，正如有限的市政选举中发生的一样。然而，这是真正代议制民主发展的必要组成部分：必须接受民众选举的结果，这也不能成为延缓这一进程的原因。从长远来看，这可能会出现另一种平衡。这一发展的重要保证是任何赢得选举的组织都不能限制未来选举的范围或性质。国家制定出一部保障权利的强大宪法才能实现这一目标，而王室将充当保证人。因此，引入权利框架以及明确的合法化进程符合沙特政权本身的利益。此外，最近有关沙特伊斯兰主义者的大部分论述都集中在政治合法性问题上：伊斯兰国家政府获得治理权的基础以及穆斯林个人应该享有的权利。因此，"协商制政府"这一概念对伊斯兰主义者来说并不陌生。

因此，沙特决策者今天面临的所有重大问题都让我们得出了一个共同的结论：这些问题只能通过结构性的改革来解决，而发展民主/结构性的合法性基础是解决问题的必要部分，对现有系统进行简单重组是不够的。因此沙特君主制的长期生存取决于其摆脱直接控制政治权力的能力和意愿，成为一个简单的王室（而非统治）家族。然而，沙特王室家族成员仍将是该体系的最终保证者，无疑，他们有着强大的影响力。这种变革已经在阿拉伯世界其他一些君主政体中有了很好的发展，比如约旦和摩洛哥。如果沙特不向民主/结构性的合法性过渡，上面提到的问题将无法解决，并将继续带来国家、区域和国际上的不稳定。

有人借此断定，沙特政权处在崩溃的边缘，这个说法也不合理，该政权仍有强大的力量。拥有大量可支配的经济资源使得沙特政府仍能够化解短期内产生的不满情绪，将关键部门与国家的利益绑在一起。大部分民众仍对沙特王室家族及其统治忠贞不二，军队和安全部队仍然很强大（相对于国内的任何威胁来说），也没有严重的不满迹象。此外，目前没有民众普遍接受依赖的现任统治者的替代者。因此，除非发生源于统治家族内部冲突的政治冲突，否则政权的垮台是不可能的。因此，最后提到的不稳定因素是这个体制可以包容和控制的。危险在于，这些不稳定因素将影响更大范围内的区域和国际环境，助长其他地方的冲突局势。政治上的排他性、缺乏生产性就业劳动力以及反对外国投资的问题会通过在海外从业的个人，在外部世界产生影响，沙特已经出现了这样的问题。所以，对现有体制进行简单的重组是不够的。

沙特政权控制国内可能存在的不稳定性因素的能力不应该被作为渐进主义的论据。毫无疑问，认真为变革奠定基础，避免产生混乱是必要的。然而，对渐进主义的偏好可能意味着不愿意推进结构性的变革。过去五年，沙特出现的一些变革非常令人鼓舞，沙特国内辩论和讨论的空间已经大大扩大，因此现在可以就国家未来的发展进行真正的讨论。不同的观点倾向是可以辨别的，这在政府的全国对话机构中表现得最明显。报纸上有批评政府政策的观点，但这仍与由民选代表做出决策的责任制政府相去甚远。

　　阿卜杜拉即位可能会调整改革的步骤。当他还是王储时，就表现出要致力于改革的愿望，并打击那些拖延改革的人。他现在可能感到自己有足以推进改革的地位，民众基于他正直的人格而表现出对他的尊敬进一步增加了他的信心，然而沙特的最终转变不能仅仅从最高层开始，而是需要民众的积极参与——民众的观点需要通过合法的政治组织表达出来。

现有研究文献概览

　　这里提供的文献概览只涵盖英文类著作。在可能的情况下，文中实际引用的参考文献也限于英文文本，这样做的目的是给英文读者提供易于阅读的参考文献。只有在别无选择并认为必须要引用的情况下，我们才会使用阿拉伯文参考文献。

　　现有研究已经涵盖了 20 世纪沙特历史发展的全部。20 世纪七八十年代出版的著作涉及沙特在阿拉伯半岛控制范围的扩大、阿卜杜勒·阿齐兹建立政权时采取的策略，以及 20 世纪前 40 年沙特与域外大国之间的关系。赫尔姆斯（1981）、特罗耶勒（1976）、古德博格（1986）、哈比比（1978）和莱塞戴尔（1983）。拉希德（1979～1985）的著作提供了这一时期的文献材料。早期来这一地区旅行的人留下的一些游记和著作也提供了石油被发现之前有关沙特经济社会状况的材料。这些文献包括多蒂（1888）、霍华斯（1964）、菲尔比（1955）、里哈尼（1928）、特威切尔（1953）和瓦赫巴（1964）等人的著作。

　　最近，拉希耶德（2002）提供了一个涵盖全部沙特历史著作的目录，他汇集了大量早期的资料，并予以较多分析，还涉及 20 世纪 90 年代的研究概况。瓦西里耶夫（1998）、德隆巴（2004）详细分析了与伊本·阿卜杜勒·瓦哈比角色有关的历史背景。麦克洛夫林（1993）、科斯蒂勒（1993）和戴莫（2003）进一步丰富了有关阿卜杜勒·阿齐兹统治的研究。

霍尔登和约翰的著作（1981）首次富有洞察力地综合研究了石油被发现以来沙特社会、经济和政治发展的基本概况。拉塞（1981）和尼布洛克（1981）的著作提供了一些可供选择的材料。全面考察了其他近期的作品，如科德斯曼（2003a）、钱皮恩（2003）、阿特和诺尼曼（2005）、朗（1997）和阿比尔（1988 & 1993）等人的研究成果。

20 世纪 70 年代末和 80 年代一些重要的著作（但有的内容很短）分析了沙特当代政治制度和政治经济的各个方面：亚西尼的著作（1985）讨论了宗教在国家中的作用；布莱的著作（1984）分析了沙特政府内部的权力斗争；赫勒和萨夫兰的著作（1985）研究了新政权的作用。胡耶特的著作（1985）研究了沙特的大臣会议；库里的著作（1978）研究了沙特的决策系统；兰科勒的著作（1979）探讨了政治权力中的经济次结构。近年来，这一研究领域引起了广泛的关注。其中一些著作明显是持批评态度的，如阿布里什（1994）、杰里科（1997 & 1998）、阿布·哈里里（2004）和西蒙斯（1998）的著作。其他著作多是对沙特政治进程展开学术研究，如凯奇曼（2001）和梵迪（1999）的著作。

沙特的战略和国际关系也引起了学界相当大的关注——这毫不奇怪，因为沙特具有重要的战略意义以及这一战略地位对当代沙特的重要意义。该领域的早期著作是哈利德（1974）、萨夫兰（1985）和匡德（1981）等人撰写的。最详细、最全面的研究见科德斯曼（1984、1987 & 2003b）的作品。现在有相当多著作重点研究乌萨马·本·拉登的活动，其中许多涉及本·拉登的沙特背景和本·拉登与沙特的联系。一些著作是为了追求一时的轰动效应，如柏根（2001）、古尔德（2003）和施瓦茨（2002）等人的著作。另一些则是高质量的作品，叙述了各方博弈的图景。后者中最重要的是伯克（2003）和科贝尔（2004）的著作。

起初，研究沙特经济的成果不多。克努埃哈斯（1975）、卡特（1977）、特勒和比多（1979）、莫里弗和阿邦丁（1980）等人的著作涉及经济的一些部分。还有一部早期作品是由马拉赫（1982）所著，它详尽地概述了20世纪七八十年代之交的沙特经济。阿布登和舒克（1984）、约翰尼（1986）、普雷斯利和韦斯特韦（1989）及杨（1983）的著作也涉及这一问题。最近，有一些关于政治经济方面的重要著作，如乔德里的著作（1997）和威尔森的著作（2004），以及许多研究经济某一特定方面的著作，如阿扎姆的著作（1998）和卡诺夫斯基的著作（1994）。

许多著作研究了沙特经济发展进程中的社会和政治要素。阿卜杜勒-拉赫曼的著作（1987）、萧和朗的著作（1982）研究了沙特发展的一般特征，伯克和辛克莱（1980）、伊布拉西姆（1982）、西拉杰丁等（1984）和伍德沃德（1988）的著作关注沙特的劳动力市场。易卜拉欣和科尔的著作（1978）及片仓的著作（1975）研究了发展政策对贝都因部落的影响。近年来，令人惊讶的是，几乎很少有基于社会的研究著作，但亚曼尼的著作（2000）就是其中之一。

这里所说的是已经出版的著作。然而，也有许多有价值的重要文章，其标题可以在下面的参考文献中查阅。此外，本书中的参考资料另一个非常重要的来源是未发表的博士学位论文。有关沙特未发表的博士学位论文可能比研究任何其他阿拉伯国家的博士学位论文都多，而且其中许多都是高质量的。互联网上有关沙特的材料对研究人员来说变得越来越重要。本书最重要的统计数字是在沙特阿拉伯经济和规划部的网站上查找的。

参考文献

一 图书、报告和论文

Aarts, Paul and Nonneman, Gerd, *Saudi Arabia in the Balance*: *Political Economy*, *Society*, *Foreign Relations*, London: Hurst, 2005.

Abdeen, Adnan M. and Shook, Dale N. , *The Saudi Financial System*, New York: John Wiley, 1984.

Abdel-Rahman, Osama, *The Dilemma of Development in the Arabian Peninsula*, London: Croom Helm, 1987.

Abir, Mordechal, *Oil Power and Politics*: *Conflict in Arabia*, *the Red Sea and the Gulf*, London: Frank Cass, 1974.

Abir, Mordechal, *Saudi Arabia in the Oil Era*: *Regime and Elites*: *Conflict and Collaboration*, London: Croom Helm. 1988.

Abir, Mordechal, *Saudi Arabia*: *Government*, *Society and the Gulf Crisis*, London: Routledge, 1993.

Abukhalil, As ' ad, *The Battle for Saudi Arabia*: *Royalty*,

Fundamentalism, and Global Power, New York: Seven Stories, 2004.

Aburish, Said K. , *The Rise, Corruption and Coming Fall of the House of Saud*, London: Bloomsbury, 1994.

Al-Ajmi, Khaled M. , " Quality and Employability in Higher Education: The Case of Saudi Arabia," PhD Dissertation, Middlesex University, 2003.

Albers, Henry Herman, *Saudi Arabia: Technocrats in a Traditional Society*, New York: Peter Lang, 1989.

Algosaibi, Ghazi, *Al-'Awlamah wa al-Huwlyah al-Watanyah (Globalisation and National Identity)*, Al-Riyadh: Maktabat al-'Ubayk, 2002.

Almana, Mohammed, *Arabia Unified: A Portrait of Ibn Saud*, London: Hutchinson Benham, 1980.

Almutlaq, Mohamed, "The Role of Foreign Aid in Saudi Arabia's Foreign Policy with Sub-Saharan African Countries as a Case Study (1975 – 1992)," PhD Dissertation, University of Exeter, 1995.

Alshamsi, Mansoor J. , " The Discourse and Performance of the Saudi Sunni Islamic Reformist Leadership," PhD Dissertation, University of Exeter, 2003.

Anderson, I. , *ARAMCO, the United States, and Saudi Arabia: A Study of the Dynamics of Foreign Oil Policy, 1933 – 1950*, Princeton, NJ: Princeton University Press, 1981.

Al-Angari, AbdulRaman N. , *The Palestine Issue in Saudi Arabian Foreign Policy*, Riyadh: Alangari, 2002.

Al-Awaj, Ibrahim M. , "Bureaucracy and Socety in Saudi Arabia,"

PHD Dissertation, Universtiy of Virginia, 1971.

Al-Azma, Talal S. M. , "The Role of the Ikhwan under ' Abdul-' Aziz Al-Sa ' ud 1916 – 1934," PhD Dissertation, University of Durham, 1999.

Al-Damer, Shafi, *Saud Arabia and Britain, 1939 – 1953*, Reading, PA: Ithaca, 2003.

Al-Damer, Shafi, *The Emerging Arab Capital Markets: Opportunities in Relatively Underplayed Markets*, London: Kegan Paul, 1997.

Baer, Robert, *Sleeping with the Devil*, New York: Crown, 2003.

Bakr, Mohammed A. , *A Mode in Privatization: Successful Change Management in the Ports of Saudi Arabia*, London: London Centre of Arab Studies, 2001.

Bangash, Zafar, *The Makkah Massacre and Future of the Haramain*, London: Open Press, 1988.

Barsalou, Judith M. ,"Foreign Labor in Sa'udi Arabia: The Creation of a Plural Society," PhD Dissertation, Columbia University, 1985.

Basbous, Antoine, *L'Arabie Saoudite en Question*, Paris: Perrin, 2002.

Beling, Willard A. , *King Faisal and the Modernization of Saudi Arabia*, Boulder, CO: Westview, 1980.

Benoist-Méchin, Jacques, *Fayçal, Roi d ' Arabie: l ' Homme, le Souverain, sa Place dans le Monde (1906 – 1975)* , Albin Michel: Paris, 1975.

Bergen, Peter L. , *Holy War Inc: Inside the Secret World of Osama bin Laden*, London: Weidenfeld and Nicolson, 2001.

Birks, J. S. and Sinclair, C. A. , *Arab Manpower*: *The Crisis of Development*, London: Croom Helm, 1980.

Bligh, Alexander, *From Prince to King*: *Royal Succession in the House of Saud*, New York: New York University Press, 1984.

Burke, James, *Al-Qaeda*: *The True Story of Radical Islam*, London: Penguin, 2003.

Carter, John R. L. , *Leading Merchant Families of Saudi Arabia*, London: Scorpion, 1977.

CATO Institute, *CATO Handbook for Congress*, Washington, DC: CATO Institute, 2004.

Champion, Daryl, *The Paradoxical Kingdom*, New York: Columbia University Press, 2003.

Chaudry, Kiren A. , *The Price of Wealth Economies and Institutions in the Middle East*, Ithaca, NY: Cornell University Press, 1997.

Chubin, Shahram ed. , *Security in the Gulf*, *Vol. 1*: *Domestic Political Factors*, London: International Institute for Strategic Studies, 1980.

Cobban, Helena, *The Making of Modem Lebanon*, London: Hutchinson, 1985.

Cole, Donald P. , *Nomads of the Nomads*: *The Al-Murrah of the Empty Quarter*, Chicago, IL: Aldine, 1975.

Congressional Research Service (CRS), *Saudi Arabia*: *Post-War Issues and US Relations*, Washington, DC: Library of Congress, 1996.

Congressional Research Service (CRS), *Saudi Arabia*: *Current Issues and US Relations*, Washington DC: Library of Congress, 2003.

Cordesman, Anthony, *The Gulf and the Search for Strategic Security*: *Saudi Arabia*, *the Military Balance in the Gulf*, *and Trends in the Arab-Israeli Military Balance*, London: Mansell, 1984.

Cordesman, Anthony, *Western Strategic Interests in Saudi Arabia*, London: Croom Helm. 1987.

Cordesman, Anthony, *The Gulf and the West*: *Strategic Relatons and Military Realities*, London: Mansell, 1988.

Cordesman, Anthony, *Saudi Arabia Enters the Twenty-First Century*: *The Military and International Security Dimensions*, London: Praeger, 2003.

Cordesman, Anthony, *Saudi Arabia Enters the Twenty-First Century*: *The Political*, *Foreign Policy*, *Economic*, *and Energy Dimensions*, London: Praeger, 2003.

Dahlan, Ahmed H. , *Politics*, *Administration and Development in Saudi Arabia*, Brentwood: Amana, 1990.

De Corancez, Louis, *The History of the Wahabis from Their Origin until the End of 1809*, Reading, PA: Ithaca, 1995.

Deffeyes, Kenneth S. , *Hubberts Peak*: *The Impending World Oil Shortage*, Princeton, NJ: Princeton University Press, 2001.

De Gaury, Gerald, *Faisal*: *King of Saudi Arabia*, London: Barker, 1966.

Delong-Bas, Natana, *Wahhabi Islam*: *From Revival and Reform to Global Jihad*, New York: Oxford University Press, 2004.

Dequin, Horst, *The Challenge of Saudi Arabia*: *The Regional*

Setting and Economic Development as a Result of the Conquest of the Arabian Peninsula by King ' Abdual ' Aziz Al Sa ' ud, Hamburg: D. R. Gotze, 1967.

Doughty, Charles M. , *Travels in Arabia Deserta*, London: Jonathan Cape, First published in 1888, 1964.

Dresch, Paul and Piscatori, James eds. , *Monarchies and Nations: Globalisation and Identity in the Arab States of the Gulf*, London: I. B. Tauris, 2005.

Dun and Bradstreet, *Country Report: Saudi Arabia*, London: Dun and Bradstreet, 2004.

Economist Intelligence Unit, *Country Report: Saudi Arabia*, London: EIU, May 2004.

Elmadani,"Abdulla, Indo-Saudi Relations 1947 – 1997: Domestic Concerns and Foreign Relations," PhD Dissertation, University of Exeter, 2003.

El Mallakh, Ragaei, *Saudi Arabia: Rush to Development, Profile of an Energy Economy and Investment*, London: Croom Helm, 1982.

Fandy, Mamoun, *Saudi Arabia and the Politics of Dissent*, New York: St. Martin's Press, 1999.

Al-farsy, Fouad, *Saudi Arabia: A Case Study in Development*, London: Stacey International, 1980.

Field, Michael, *The Merchants: The Big Business Families of Arabia*, London: John Murray, 1984.

Galindo-Marines, Alejandra,"The Relationship Between the Ulama and the Government in the Contemporary Saudi Arabian Kingdom: An

Interdependent Relationship?" PhD Dissertation. University of Durham, 2001.

Gold, Dore, *Hatred's Kingdom: How Saudi Arabia Supports the New Global Terrorism*, Washington, DC: Regenery, 2003.

Goldberg, Jacob, *The Foreign Policy of Saudi Arabia: The Formative Years, 1902 – 18*, Cambridge, MA: Harvard University Press, 1986.

Graham, Douglas F. , *Saudi Arabia Unveiled*, Dubuque: Kendall/ Hunt, 1991.

Grayson, Benson Lee, *Saudi-American Relations*, Washington, DC: University Press of America, 1982.

Gros, Marcel, *Feisal of Arabia: The Ten Years of a Reign*, London: Emgé-Sepix, 1976.

Gunaratna, Rohan, *Inside Al Qaeda: Global Network of Terror*, London: Hurst, 2002.

Habib, John S. , *Ibn Saud's Warriors of Islam: The Ikhwan of Najd and Their Role in the Creation of the Saudi Kingdom, 1910 – 30*, Leiden: Brill, 1978.

Hajrah, Hassan Hamza, *Public Land Distribution in Saudi Arabia*, London: Longman, 1982.

Halliday, Fred, *Arabia without Sultans*, Harmondsworth: Pelican, 1974.

Halliday, Fred, *Threat from the East*, Harmondsworth Penguin, 1982.

Al Hamid, 'Abdallah, *Huquq al-Islam bayn al-Adl al-Islam wa Jawr al-Hukum (Human Rights between the Justice of Islam and the Oppression of Governments)*, London: Committee for the Defence of Legitimate Rights in Saudi Arabia, 1995.

Al-Harthi, Mohammed A. , "The Political Economy of Labor in Saudi Arabia: The Causes of Labor Shortage," PhD Dissertation, State University of New York, 2000.

Heikal, Mohamed, *The Road to Ramadan*, London: Collins, 1975.

Heinberg, Richard, *The Party's Over: Oil, War and the Fate of Industrial Societies*, East Sussex: Clairview, 2003.

Heller, Mark and Safran, Nadav, *The New Middle Class and Regime Stability in Saudi Arabia*, Cambridge, MA: Centre for Middle Eastern Studies, Harvard University, 1985.

Helms, Christine Moss, *The Cohesion of Saudi Arabia: Evolution of Political Identity*, London: Croom Helm, 1981.

Henderson, Simon, *After King Fahd: Succession in Saudi Arabia*, Washington, DC: Washington Institute for Near East Policy, 1994.

Holden, David and Johns, Richard, *The House of Saud*, London: Sidgwick and Jackson, 1981.

Hopwood, Derek ed. , *The Arabian Peninsula: Society and Politics*, London: Allen and Unwin, 1972.

Howarth, David Armine, *The Desert King: A Life of Ibn Saud*, London: Collins, 1964.

Hudson, Michael C. , *Arab Politics: The Search for Legitimacy*, New Haven, CT: Yale University Press, 1977.

Al-Humaid, Mohammed, I. A. , " The Factors Affecting the Process of Saudization in the Private Sector in the Kingdom of Saudi Arabia: A Case Study of Riyadh City," PhD Dissertation, University of

Exeter, 2003.

Hussein, Abdul-Rahman A. , "Alliance Behavior and the Foreign Policy of Saudi Arabia 1979 – 1991," PhD Dissertation, George Washington University, 1995.

Huyette, Summer Scott, *Political Adaptation in Saudi Arabia: A Study of the Council of Ministers*, Boulder, CO: Westview, 1985.

Ibrahim, Saad Eddin, *The New Arab Social Order: A Study of the Social Impact of Oil Wealth*, Boulder, CO: Westview, 1982.

Ibrahim, Saad Eddin and Cole, Donald P. , *Saudi Arabian Bedouin: An Assessment of Their Needs*, Cairo: American University Cairo, 1978.

Islami, A. , Reza, S. , and Kavoussi, Rostam Mehraban, *The Political Economy of Saudi Arabia*, Seattle, DC: University of Washington Press, 1984.

Jerichow, Anders, *Saudi Arabia: Outside Global Law and Order*, London: Curzon, 1997.

Jerichow, Anders, *The Saudi File: People, Power, Politics*, New York: St. Martins Press, 1998.

Johany, Ali D. , *The Myth of the OPEC Cartel: The Role of Saudi Arabia*, New York: John Wiley, 1980.

Johany, Ali D. , Berne, Michele and Mixon J. Wilson, *The Saudi Arabian Economy*, London: Croom Helm, 1986.

Al Juhany, Uwaidah M. , *Najd Before the Salafi Reform Movement*, Reading, PA: Ithaca, 2002.

Kanovsky, Eliyahu, *The Economy of Saudi Arabia: Troubled Present, Grim Future*, Washington, DC: Washington Institute for Near East Policy, 1994.

Katakura, Motoko, *Bedouin Village: A Study of Saudi Arabian People in Transition*, Tokyo: University of Tokyo Press, 1977.

Kechichian, Joseph A. , *Succession in Saudi Arabia*, New York: Palgrave, 2001.

Kepel, Gilles, *The War for Muslim Minds: Islam and the West*, Cambridge, MA: Harvard University Press, 2004.

Kerr, Malcolm H. and Yassin, El-Sayed, *Rich and Poor States in the Middle East*, Boulder, CO: Westview, 1982.

Khashoggi, Hani, "Local Administration in Saudi Arabia, " PhD Dissertation, Claremont Graduate School, 1979.

Kingdom of Saudi Arabia, Central Planning Organisation (KSA-CPO), *First Development Plan, 1970 – 75*, Riyadh: Central Planning Organisation, 1970.

Kingdom of Saudi Arabia, Ministry of Planning (KSA-MP), *Second Development Plan, 1975 – 80*, Riyadh: Ministry of Planning, 1975.

Kingdom of Saudi Arabia, Ministry of Planning (KSA-MP), *Third Development Plan, 1980 – 85*, Riyadh: Ministry of Planning, 1980.

Kingdom of Saudi Arabia, Ministry of Planning (KSA-MP), *Seventh Development Plan, 2000 – 2004*, Riyadh: Ministry of Planning, 2000.

Knauerhase, Ramon, *The Saudi Arabian Economy*, New York: Praeger, 1975.

Kostiner, Joseph, *The Making of Saudi Arabia 1916 – 1936*,

Oxford: Oxford University Press, 1993.

Koury, Enver M. , *The Saudi Decision-Making Body: The House of Saud*, Washington, DC: Institute of Middle Eastern and North African Affairs, 1978.

Labooncharoen, Nontaporn, *The United States and Human Rights in Saudi Arabia*, MA thesis, University of Durham, 1997.

Lacey, Robert, *The Kingdom: Arabia and the House of Saud*, London: Hutchinson, 1981.

Lackner, Helen, *House Built on Sand: A Political Economy of Saudi Arabia*, London: Ithaca, 1978.

League of Arab States (LAS), *A1-Qararat al-Siyasiyyat al-Khassah bi Qadiyah Falastin* (*The Political Resolutions of the Arab League*), Tunis: League of Arab States, 1985.

Leatherdale, Clive, *Britain and Saudi Arabia, 1925 – 39: The Imperial Oasis*, London: Frank Cass, 1983.

Lees, Brian M. , *A Handbook of the Al Sa' ud Ruling Family of Saudi Arabia*, London: Royal Genealogies, 1980.

Lippman, Thomas W. , *Inside the Mirage: America's Fragile Partnership with Saudi Arabia*, Boulder, CO: Westview, 2004.

Lipset, Seymour, *Political Man*, New York: Doubleday, 1960.

Long, David E. , *The Kingdom of Saudi Arabia*, Gainesville, FL: University Press of Florida, 1997.

Looney, Robert E. , *Saudi Arabia's Development Potential: An Application of an Islamic Growth Model*, Lexington, KY: Lexington

Books, 1982.

Al-Mabrouk, Saud A., " 'Dutch Disease' in a 'Small' Open Economy: The Case of Oil in Saudi Arabia," PhD Dissertation, Colorado State University, 1991.

Mackey, Sandra, *The Saudis: Inside the Desert Kingdom*, New York: Norton, 2002.

Mckillop, Andrew and Sheila Newman eds., *The Final Energy Crisis*, London: Pluto, 2005.

Mcloughlin, Leslie, *Ibn Saud: Founder of a Kingdom*, London: Macmillan, 1993.

Madani, Nizar O., "The Islamic Content of the Foreign Policy of Saudi Arabia: King Faisal's Call for Islamic Solidarity 1965 – 1975," PhD Dissertation, The American University, Washington DC., 1977.

Malik, Monica, "Private Sector and the State in Saudi Arabia," PhD Dissertation, University of Durham, 1999.

Marchand, Stéphane, *Arabie Saoudite: La Menace*, Paris: Fayard, 2003.

Metz, Helen, *Saudi Arabia: A Country Study*, Washington, DC: Library of Congress, 1993.

Miller, Aaron David, *Search for Security: Saudi Arabian Oil and American Foreign Policy 1939 – 49*, Chapel Hill, NC: University of North Carolina Press, 1980.

Moliver, D. and Abbondante, P., *The Saudi Arabian Economy*, New York: Praeger, 1980.

Moore, Michael, *Dude, Where's my Country?* London: Penguin, 2003.

Nahedh, Munira, "The Sedentarisation of a Bedouin Community in Saudi Arabia," PhD Dissertation, University of Leeds, 1989.

Al-Naqeeb, Khaldoun Hasan, *Society and State in the Gulf and Arab Peninsula: A Different Perspective*, London: Routledge, 1990.

Niblock, Tim ed. , *Social and Economic Development in the Arab Gulf*, London: Croom Helm, 1980.

Niblock, Tim ed. , *State, Society and Economy in Saudi Arabia*, London: Croom Helm, 1981.

Niblock, Tim ed. , *Iraq: The Contemporary State*, London: Croom Helm, 1982.

Niblock, Tim ed. , *"Pariah States" and Sanctions in the Middle East: Iraq, Libya and Sudan*, London: Lynne Rienner, 2000.

Nyrop, Richard F. , *Area Handbook for Saudi Arabia*, 4th. Edition, Washington, DC: Government Printing Office, 1985.

Okruhlik, Mary G. , "Debating Profits and Political Power: Private Business and Government in Saudi Arabia," PhD Dissertation, University of Texas, 1992.

Oliver, Haneef J. , *The "Wahhabi" Myth: Dispelling Prevalent Fallacies and the Fictitious Link with Bin Laden*, Victoria: Trafford, 2002.

Al-Osaimi, Mohammed, *The Politics of Persuasion: The Islamic Oratory of King Faisal Ibn Abdul Aziz*, Riyadh: King Faisal Center for Research and Islamic Studies, 2000.

Philby, Harry St John Bridger, *Sa'udi Arabia*, London: Benn, 1955.

Population Reference Bureau, *2004 World Population Data Sheet*,

Washington, DC: PRB, 2004.

Presley, John R. and Westaway, A. J. , *A Guide to the Saudi Arabian Economy*, London: Macmillan, 1989.

Quandt, William B. , *Saudi Arabia in the 1980s: Foreign Policy, Security and Oil*, Washington, DC: Brookings Institution, 1981.

Quandt, William B. , *Saudi Arabia's Oil Policy*, Washington, DC: Brookings Institution, 1982.

Al-Rasheed, Madawi, *A History of Saudi Arabia*, Cambridge: Cambridge University Press, 2002.

Al-Rashid, Ibrahim ed. , *Documents on the History of Arabia. Vol. 1: The Unification of Central Arabia under Ibn Saud; Vol. 2: The Consolidation of Power in Central Arabia 1925 – 28; Vol. 3: The Establishment of the Kingdom of Saudi Arabia under Ibn Saud, 1928 – 35; Vol. 4: Saudi Arabia Enters the Modern World: 1936 – 49 (i); Vol. 5: Saudi Arabia Enters the Modern World: 1936 – 49 (ii); Vol. 8: The Struggle between the Two Princes: The Kingdom of Saudi Arabia in the Final Days of Ibn Saud*, Chapel Hill, NC: Documentary Publications, 1976 – 85.

Rashid, Nasser I. and Shaheen, Esber I. , *King Fahd and Saudi Arabia's Great Evolution*, Missouri, MO: International Institute of Technology, 1987.

Al-Rawaf, Othman, "The Concept of Five Crises in Political Development: Relevance to the Kingdom of Saudi Arabia," PhD Dissertation, Duke University, 1980.

Rihani, Ameen, *Ibn Sa'oud of Arabia: His Land and People*, London: Constable, 1928.

Robinson, Jeffrey, *Yamani: The Inside Story*, London: Simon & Schuster, 1988.

Ruthven, Malise, *A Fury for God: The Islamist Attack on America*, London: Granta, 2002.

Sabini, John, *Armies in the Sand*, London: Thames and Hudson, 1981.

Sabri, Sharaf, *The House of Saud in Commerce*, New Delhi: I. S. Publications, 2001.

Safran, Nadav, *Saudi Arabia: The Ceaseless Quest for Security*, Cambridge: Harvard University Press, 1985.

Saif, Ahmed A. , *Constitutionalism in the Arab Gulf States*, Dubai: Gulf Research Center, 2004.

Saif, Ahmed A. , *Arab Gulf Judicial Structures*, Dubai: Gulf Research Center, 2004.

Salamé, Ghassan, *The Foundations of the Arab State*, London: Croom Helm, 1987.

Samore, Gary S. , "Royal Family Politics in Saudi Arabia (1953 – 1982) ," PhD Dissertation, Harvard University, 1984.

Sandwick, John A. ed. , *The Gulf Cooperation Council: Moderation and Stability in an Interdependent World*, Boulder, CO: Westview, 1987.

Al-Saud, Faisal bin M. , "The Democratic Experience in the Saudi

Open Meeting," PhD Dissertation, State University of California, 1988.

Al-Saud, Faisal bin S. , *Iran, Saudi Arabia and the Gulf: Power Politics in Transition*, London: I. B. Tauris, 2003.

Saudi-American Bank (SAMBA), *Saudi Arabia's Employment Profile*, Riyadh: SAMBA, 2002.

Saudi Arabian Monetary Agency (SAMA), *Thirty-Fourth Annual Report*, Riyadh: Saudi Arabia, 1998.

Schwartz, Stephen, *The Two Faces of Islam: The House of Saud from Tradition to Terror*, New York: Doubleday, 2002.

Scoville, Sheila A. ed. , *Gazetteer of Arabia: A Geographical and Tribal History of the Arabian Peninsula*, 3 Vols, Graz: Akademische Druck, 1979 – 95.

Al-Seflan, Ali M. , "The Essence of Tribal Leaders' Participation, Responsibilities, and Decisions in Some Local Government Activities in Saudi Arabia: A Case Study of the Ghamid and Zahran Tribes," PhD Dissertation, Claremont Graduate School, 1981.

Shaw, John A. and Long, David E. , *Saudi Arabian Modernisation: The Impact of Change on Stability*, New York: Praeger, 1982.

Sheean, Vincent, *Faisal: The King and His Kingdom*, Tavistock: University Press of Arabia, 1975.

Simons, Geoff, *Saudi Arabia: The Shape of a Client Feudalism*, New York: St. Martin's Press, 1998.

Sirageldin, Ismail A. , Sherbiny, Naim A. and Ismail Sirageldin, M. , *Saudis in Transition: The Challenges of a Changing Labour*

Market, Oxford: Oxford University Press, 1984.

Spitaels, Guy, *La Triple Insurrection Islamiste*, Paris: Fayard, 2005.

Sultan, Khaled bin, *Desert Warrior: A Personal View of the Gulf War by the Joint Forces Commander*, London: HarperCollins, 1995.

Tbeileh, Faisal H. , "The Political Economy of Legitimacy in Rentier States: A Comparative Study of Saudi Arabia and Libya," PhD Dissertation, University of California, 1991.

Transparency International, *Background Paper to the 2004 Corruption Perceptions: Index Framework Document*, Berlin: Transparency International, 2004.

Troeller, Gary, *The Birth of Saudi Arabia: Britain and the Rise of the House of Sa 'ud*, London: Frank Cass, 1976.

Turner, Louis and Bedore, James M. , *Middle East Industrialisation: A Study of Saudi and Iranian Downstream Investments*, London: Royal Institute for International Affairs, 1979.

Twitchell, Karl S. , *Saudi Arabia, with an Account of the Development of Its Natural Resources*, Princeton, NJ: Princeton University Press, 1953.

United Nations Conference on Trade and Development (UNCTAD), *World Investment Report*, Geneva: UNCTAD, 2004.

United States Department of Defence, *Conduct of the Persian Gulf War: The Final Report to the US Congress by the US Department of Defence*, Washington, DC: Department of Defence, 1992.

United States Department of State, *Country Report on Saudi Arabia Human Rights Practices*, Washington, DC: Department of State, 1995.

United States National Commission on Terrorist Attacks upon the United States (US-NC), *The 9 / 11 Commission Report: The Full Final Report of the National Commission on Terrorist Attacks upon the United States*, Washington, DC: US Government, 2004.

Vassiliev, Alexei, *The History of Saudi Arabia*, London: Saqi Books, 1998.

Vogel, Frank, *Islamic Law and Legal System: Studies of Saudi Arabia*, Leiden: Brill, 2000.

Wahba, Hafiz, *Arabian Days*, London: Barker, 1964.

Wilson, Rodney, *Al-Rajhi*, Ahmed, *Al-salamah*, Abdullah and Malik, Monica, (*Economic Development in Saudi Arabia*), London: RoutledgeCurzon, 2004.

Winder, Richard B. , *Saudi Arabia in the Nineteenth Century*, New York: St. Martin's Press, 1965.

Woodward, Peter, *Oil and Labour in the Middle East: Saudi Arabia and the Oil Boom*, New York: Praeger, 1988.

World Bank, *World Bank Indicators*, Washington, DC: World Bank, 2004.

World Migration Organisation (WMO), *World Migration 2003: Managing Migration*, Geneva: WMO, 2003.

Yamani, Mai, *Changed Identities: The Challenge of the New Generation in Saudi Arabia*, London: Royal Institute of International

Affairs, 2000.

Yamani, Mai, *Cradle of Islam*: *The Hijaz and the Quest for an Arabian Identity*, London: I. B. Tauris, 2004.

Al-Yassini, Ayman, *Religion and State in the Kingdom of Saudi Arabia*, Boulder, CO: Westview, 1985.

Young, Arthur N. , *Saudi Arabia*: *The Making of a Financial Giant*, New York: New York University Press, 1983.

Zogby, James, *What Arabs Think*: *Values, Beliefs and Concerns*, Utica: Zogby International, 2002.

二 论文、著作章节及会议论文

Birks, J. S. and Sinclair, C. A. "The Oriental Connection," In Tim Niblock ed. , *Social and Economic Development in the Arab Gulf*, London: Croom Helm, 1980, pp. 135 – 160.

Bligh, Alexander, "The Saudi Religious Elite (ulama) as Participant in the Political System of the Kingdom," *International Journal of Middle East Studies*, Vol. 17, No. 1, February, 1985, pp. 37 – 50.

Buchan, James, "Secular and Religious Opposition in Saudi Arabia," in Tim Niblock ed. , *State, Society and Economy in Saudi Arabia*, London: Croom Helm, 1981, pp. 106 – 124.

Butterworth, Charles, "Prudence Against Legitimacy: The Persistent Theme in Islamic Political Thought," in Ali E. Hillal Dessouki ed. , *Islamic Resurgence in the Arab World*, New York and London:

Praeger, 1982, pp. 84 – 115.

Cohen, R. , "Rights and Decision Making in the Executive Branch: Some Proposals for a Coordinated Strategy," in Donald Kommers and Loescher Gilbert eds. , *Human Rights and American Foreign Policy*, Notre Dame: Notre Dame Press, 1979, pp. 216 – 246.

Doumato, Eleanor, "The Ambiguity of Shariah and the Politics of Rights," in Mahnaz Afkhami ed. , *Faith and Freedom*, London: I. B. Tauris, 1995, pp. 135 – 160.

Gause, Gregory, "US-GCC Relations: The Coming Turning Point," Paper Presented to the Gulf Research Council (Dubai) Conference, January 5, 2002.

Halliday, Fred, "The Gulf Between Two Revolutions," in Tim Niblock ed. , *Social and Economic Development in the Arab Gulf*, London: Croom Helm, 1980, pp. 210 – 238.

International Monetary Fund, "Saudi Arabia: Staff Report for the 1999 Article IV Consultation," Unpublished report, Washington, DC: IMF, September 14, 1999.

International Monetary Fund, "IMF Concludes 2001 Article IV Consultation with Saudi Arabia," Public Information Notice 01/119, Washington, DC: IMF. 2001.

International Monetary Fund, "IMF Concludes 2004 Article IV Consultation with Saudi Arabia," Public Information Notice No. 05/3, Washington, DC: IMF, January 12, 2005.

Kechichian, Joseph A. , "The Role of the Ulama in the Politics of an Islamic State: The Case of Saudi Arabia," *International Journal of Middle Eastern Studies*, Vol. 18, No. 1, February 1986, pp. 53 – 71.

Lacroix, Stephane, "Betweeen Islamists and Liberals Saudi Arabia's New 'Islamo-Liberal' Reformists," *Middle East Journal*, Vol. 58, No. 3, Summer, 2004, pp. 345 – 365.

Meicher, Helmut, "King Faisal Ibn Abdul Aziz Al Saud in the Arena of World Politics: A Glimpse from Washington, 1950 to 1971," *British Journal of Middle Eastern Studies*, Vol. 21, May 2004, pp. 5 – 24.

Naim, Moises, "Fads and Fashions in Economic Reforms: Washington Consensus or Washington Confusion?" Paper prepared for the IMF Conference on Second Generation Reforms, 1999.

Niblock, Tim, "Oil, Political and Social Dynamics of the Arab Gulf States," *The Arab Gulf Journal*, Vol. 5, No. 1, April 1985, pp. 37 – 46.

Niblock, Tim, "Reform and Reconstruction in the Middle East: Room for EU-US Cooperation?" *The International Spectator*, No. 4, 2003, pp. 47 – 58.

Ochsenwald, William, "Saudi Arabia and the Islamic Revival," *International Journal of Middle East Studies*, Vol. 13, No. 3, August 1981, pp. 271 – 286.

Peterson, John, "The GCC and Regional Security," in John Sandwick ed., *The Gulf Cooperation Council: Moderation and Stability in an Interdependent World*, Boulder, CO: Westview, 1987, pp. 169 – 203.

Piscatori, James P., "Islamic Values and National Interest: The Foreign Policy of Saudi Arabia," in Dawisha, Adeed ed., *Islam in*

Foreign Policy, Cambridge: Cambridge University Press, 1983, pp. 33 – 53.

Al-Rasheed, Madawi, "The Sh'ia of Saudi Arabia: A Minority in Search of Cultural Authenticity," Vol. 25, No. 1, May 1998, pp. 121 – 138.

Rugh, William A., "The Emergence of a New Middle Class in Saudi Arabia," *Middle East Journal*, No. 27, Winter 1973, pp. 7 – 20.

Salameh, Ghassan, "Political Power and the Saudi State," *MERIP Reports*, No. 91, Spring 1980, pp. 20 – 25.

Salameh, Ghassan, "Saudi Arabia Development and Dependence," *Jerusalem Quarterly*, No. 20, Summer 1981, pp. 109 – 122.

Salameh, Ghassan, "Islam and Politics in Saudi Arabia," *Arab Studies Quarterly*, Summer 1987, pp. 306 – 326.

Stevens, Paul, "Saudi Arabia's Oil Production," in Tim Niblock ed., *State, Society and Economy in Saudi Arabia*, London: Croom Helm, 1981, pp. 214 – 234.

Wenner, Manfred W., "Saudi Arabia Survival of Traditional Elites," in Tachau, Frank ed., *Political Elites and Political Development in the Middle East*, New York: Shenkman, 1975, pp. 157 – 192.

Zahid, Khan, "Investment Challenges Facing Oil-Rich MENA Countries: The Case of Saudi Arabia," Paper presented to the OECD Conference Mobilising Investment for Development in the Middle East and North Africa Region, held in Istanbul, February 11 – 12, 2004.

三 互联网资源

AMEINFO, "Prince Sultan bin Salman bin Abdulaziz Highlights Tourism Opportunities," Accessed at www. ameinfo. com/28402. html, January 2005.

AMEINFO, "Saudi Arabia Stock Market Dealings," Accessed at www. ameinfo. com. financialmarkets/saudiArabia, December 2004.

AMEINFO, "Can Saudi Arabia Ever Join the WTO ?" Accessed at http: //www. ameinfo. com/%20news/detailed/42278. html, January 2005.

Arab Gateway, "National Reform Document," Accessed at http: // www. albab. %20com/arab /docs/saudi/reform2003. htm, October 2004.

Al-Auda, Salman, "Al-Shari'ah wa al-Hurriyah (Islamic Law and Freedom), " Accessed at www. islamtoday. net/nprint. cfm? artid = 1549, July 2003.

EUbusiness, "EU backs Saudi Arabia Joining WTO," Accessed at http: //www. eubusiness. % 20com/afp/030829173232. fnyapsil, December 2004.

EUbusiness, "EU Trade Deal Brings Saudi Arabia Closer to WTO Membership," Accessed at www. eubusiness. com/aip/030829173232. fnyapsil, December 2004.

Kingdom of Saudi Arabia, Central Department of Statistics (KSA-CDS), "Social Statistics Labour Force Survey," Accessed at http: // www. planning. gov. sa/%20statistic/sindexe. htm, February 2005.

Kingdom of Saudi Arabia, Council of Ministers (KSA-CM),

"Privatisation Objectives and Policies," Decision No. 60, August 1997, Accessed at http: //www. sec. gov. sa/english/list. asp? s _ contenti d = 22&s_ tite + &contenttype = &cat, February 2004.

Kingdom of Saudi Arabia, Council of Ministers (KSA-CM), "The Patent Law 2004," Decision No. 56, July 2004, Accessed at www. thesaudi. net/business – center/patentlaw. htm, October 2004.

Kingdom of Saudi Arabia, Ministry of Planning (KSA-MP), "Achievements of the Development Plans 1970 – 2000: Statistical Table," Accessed at http://www. planning. gov. sa/20planning/introe. htm, July 2005.

Supreme Economic Council (KSA-SEC), "Privatisation Objectives and Policies," Accessed at http: //www. sec. gov. sa/english/20list. asps _ contentid = 22&s_ title + &contentType = &cat, January 2005.

Migration Policy Institute, "Saudi Arabia's Plan for Changing Its Workforce," Accessed at http: //www. migrationinformation. org/, January 2005.

National Commercial Bank (NCB), "Saudi Arabia: Business and Economic Developments," Accessed at http: //www. saudiecon omicsurvey. com/% 20html/reports. html, January 2005.

Saudi Arabia Information Resource (SA-IR), " Kingdoms Population Figures," Accessed at www. saudint. com/main/y765l. htm, July 2005.

Saudi Arabia Information Resource (SA-IR), "Supreme Economic Council," Accessed at http: //www. saudinf. com/% 20main/ elll. htm,

March 2005.

Saudi Arabian Capital Markets Authority (SACMA), "About the Capital Markets Authority," Accessed at http: //www. cma. org. sa/, January 2005.

Saudi Arabian General Investment Authority (SAGIA), "Basic Issues to be Dealt with in the Privatisation Process," Accessed at http: //www. sagia. gov. sa/% 20innerpage. asp, December 2004.

Saudi Arabian General Investment Authority (SAGIA), "Capital Markets Law 2003," Accessed at http: //www. sagia. gov. sa/ December 2004.

Saudi Arabian General Investment Authority (SAGIA), "Copyright Law 2003," Accessed at http: //www. sagia. gov. sa/, December 2004.

Saudi Arabian General Investment Authority (SAGIA), "Corporate Tax Law 2004," Accessed at http: //www. sagia. gov. sa/, December 2004.

Saudi Arabian General Investment Authority (SAGIA), "Foreign Direct Investment Law 2000," Accessed at http: /www. sagia. gov. sa, December 2004.

Saudi Arabian General Investment Authority (SAGIA), "Privatisation Announcements," Accessed at http: //www. sagia. gov. sa/% 20innerpage. asp, December 2004.

Saudi Arabian General Investment Authority (SAGIA), "Real Estate Law 2000," Accessed at http: //www. sagia. gov. sa/, December 2004.

Saudi Arabian General Investment Authority (SAGIA), "Gas Projects," Accessed at http://www. sagia. gov. sa/innerpage. asp? ContentID = 7 &Lang = en&newsID = 238, January 2005.

Saudi Arabian General Investment Authority (SAGIA), "Negative List," Accessed at www. sagia. gov. sa/innerpage. asp, February 2005.

Saudi Constitutional and Civil Society Reform Advocates (SCCSRA), "Urgent Appeal to Parliaments of Permanent of UN Security Council," Accessed at http://www. metransparent. com/texts/saudi_ constitution al_ %20civil_ society_ advocates. htm, July 2005.

Transparency International (TI), "Bribery Payers' Index," Accessed at www. transparency. org/cpi/2002/bpi2002. en. html, December 2004.

United Nations Conference on Trade and Development (UNCTAD), "Country Fact Sheet: SaudiArabia," Accessed at www. unctad. org/ fdstatistics, December 2004.

United States Census Bureau (US-CB), "IDB Summary Demographic Data for Saudi Arabia," Accessed at http://www. census. gov/cgi – bin/ipc/idbsum? cty = SA, December 2004.

United States Central Intelligence Agency (US-CIA), "CIA Factbook," Accessed at www. cia. gov/publications/factbook/geos/ sa. html, November 2004.

United States Embassy, Riyadh (US-E), "Saudi Arabia: Economic Trends 2004," Accessed at www. usembassy. state. gov/riyadh, December 2004.

United States Energy Information Administration (US-EIA),

"Energy Topics: Historical Data," Accessed at http://www. eia. doe. gov/, November 2004.

United States Energy Information Administration (US-EIA), "Saudi Arabian Gas Projects," Accessed at http://www. eia. doegov/ emeu/%20cabs/saudi. html, December 2004.

United States Trade Representative Office (US-TRO), "2004 Special 301 Report: Watch List," Accessed at http://www. ustr. gov/ documents _ library/% 20reports _ publications/% 202004. html, December 2004. World Bank, "Doing Business in Saudi Arabia," Washington, DC: World Bank, Accessed at www. rru. worldbank. org/ doingbusiness, January 2005.

World Health Organisation (WHO), "Child and Adult Mortality Statistics," Accessed at www. who/int/countries, January 2005.

World Trade Organisation (WTO), "Accessions: Saudi Arabia," Accessed at www. wto. org/englishthewto _ e/acc _ e/al _ arabie _ saoudite_ e. htm, January 2005.

Zawya, "Saudi Arabian Equities," Accessed at www. zawya. com/ equities, January 2005.

参考的报纸杂志

Arab News, Jiddah.

Financial Times (*FT*), London.

Guardian, London.

Al-Ittihad, Abu Dhabi.

Middle East Economic Digest (*MEED*), London.

Middle East Economic Survey (*MEES*), Cyprus.

MidEast Mirror, London.

New York Times (*NYT*), New York.

Saudi ARAMCO Dimensions.

United Press International (*UPI*).

译后记

　　当前，无论从资源和经济价值还是从国际关系格局来讲，中东都是世界关注的热点地区之一。在中东地区，沙特阿拉伯无疑是一个相当重要的国家，其在世界石油产业中所占的地位、在伊斯兰世界所扮演的独特宗教角色、在中东国际政治格局及国际联合反恐中所发挥的作用、在共建"一带一路"中所具有的独特地理优势，决定了沙特在中东乃至世界体系中的重要地位。不仅如此，自1990年中国和沙特阿拉伯建交以来，中沙关系发展迅速，2016年1月双方建立了全面战略伙伴关系，双方交往合作范围不断扩大。不论是沙特在中东地区的独特地位，还是中沙关系的持续向好发展，都意味着我们有必要深入了解沙特，了解沙特的历史和发展特质，从而为推动中沙关系更好发展，推进"一带一路"建设创造有利条件。

　　本书作者蒂姆·尼布洛克是英国埃克塞特大学荣誉退休教授，欧洲最大的中东研究机构——英国埃克塞特大学阿拉伯-伊斯兰文明研究中心的创始主任，曾任欧洲中东学会副会长、英国中东研究学会副会长等职务。尼布洛克教授不仅是国内清华大学、陕西师范大学、西北大学、上海外国语大学等高校的兼职教授，还是陕西师范大学土耳其研究中心海外专家团队成员。他长期致力于海湾地区冲突与安全、沙特阿拉伯政治与经济、苏丹政治等方面的研究工作，出版了一批在学界影响广泛的学术专著。这本著作就是尼布洛克教授 2006 年出版的一本研究沙特的力作，希望本书在国内的翻译出版能为学术界更深入地了解沙特提供帮助。

本书英文书名 *Saudi Arabia：Power，Legitimacy and Survival* 按字面意思应翻译为《沙特阿拉伯：权力、合法性与生存》，但结合作者在书中论述的主题，译者将书名改为《沙特阿拉伯发展史：权力、政治与稳定》，这样更符合国内学者的阅读习惯和著作本身的论述主题。翻译过程中，涉及的人名、地名及部分专有名词是最难解决的，除了国内公认的标准地名、人名翻译外，多数地名、人名和专有名词的翻译首次出现时均在后面注明了其英文，供读者参考。为便于读者阅读和查阅方便，参考文献除了格式有所修改外，其他内容与原文保持一致。

本书翻译过程中，得到陕西师范大学中东史研究方向博士研究生杨关峰、寇梦卓、裴丹青，硕士研究生孙濛奇、刘姜、万肖肖、刘益鑫等人的鼎力相助，他们在译稿校对、人名地名及专有名词翻译核对等方面做了大量细致的工作，在此表示衷心的感谢。译稿由郭响宏副教授翻译，李秉忠教授审校。受翻译水平限制，文中存在翻译不尽完善的地方，恳请读者批评指正。

郭响宏

2021 年 12 月 8 日

图书在版编目（CIP）数据

沙特阿拉伯发展史：权力、政治与稳定 /（英）蒂姆·尼布洛克（Tim Niblock）著；郭响宏译. -- 北京：社会科学文献出版社，2022.11（2024.3 重印）
（中东观察）
书名原文：Saudi Arabia: Power, Legitimacy and Survival
ISBN 978 - 7 - 5201 - 9200 - 2

Ⅰ.①沙…　Ⅱ.①蒂…②郭…　Ⅲ.①政治制度史 - 研究 - 沙特阿拉伯　Ⅳ.①D738.49

中国版本图书馆 CIP 数据核字（2021）第 212485 号

中东观察
沙特阿拉伯发展史：权力、政治与稳定

著　　者／［英］蒂姆·尼布洛克（Tim Niblock）
译　　者／郭响宏
审　　校／李秉忠

出 版 人／冀祥德
责任编辑／李明伟　郭白歌
责任印制／王京美

出　　版／社会科学文献出版社·国别区域分社（010）59367078
　　　　　地址：北京市北三环中路甲 29 号院华龙大厦　邮编：100029
　　　　　网址：www. ssap. com. cn
发　　行／社会科学文献出版社（010）59367028
印　　装／唐山玺诚印务有限公司

规　　格／开本：787mm × 1092mm　1/16
　　　　　印张：17　字数：201 千字
版　　次／2022 年 11 月第 1 版　2024 年 3 月第 2 次印刷
书　　号／ISBN 978 - 7 - 5201 - 9200 - 2
著作权合同
登 记 号／图字 01 - 2020 - 5545 号
定　　价／79.00 元

读者服务电话：4008918866